LE DROIT
DANS SES MAXIMES

OU

ESSAIS SUR LA THÉORIE, LA LOGIQUE

ET LA

CLASSIFICATION DES MAXIMES OU RÈGLES GÉNÉRALES DE DROIT.

PAR M**,

MAGISTRAT, ANCIEN AVOCAT, ANCIEN PRÉFET, ANCIEN PROFESSEUR DE LÉGISLATION, ETC.

Quanti latius quam ipsa lex patet juris regula !

« Ces maximes dont il n'est aucune, sans en
» excepter la plus humble, qui ne serve d'asile
» et d'appui à quelque droit. »

(INTRODUCTION, p. II.)

PARIS,

CHEZ E. LEGRAND ET J. BERGOUNIOUX, LIBRAIRES,

QUAI DES AUGUSTINS, 59.

1836.

LE DROIT
DANS SES MAXIMES.

Imprimerie d'Everat et C.ie, rue du Cadran, n. 16.

LE DROIT

DANS SES MAXIMES

OU

ESSAIS SUR LA THÉORIE, LA LOGIQUE

ET LA

CLASSIFICATION DES MAXIMES OU RÈGLES GÉNÉRALES DE DROIT.

PAR M***,

MAGISTRAT, ANCIEN AVOCAT, ANCIEN PRÉFET, ANCIEN PROFESSEUR
DE LÉGISLATION, ETC.

Quanti latius quam ipsa lex patet juris regula!

« Ces maximes dont il n'est aucune, sans en
» excepter la plus humble, qui ne serve d'asile
» et d'appui à quelque droit. »

INTRODUCTION, p. 41.

PARIS,

CHEZ E. LEGRAND ET J. BERGOUNIOUX, LIBRAIRES,
QUAI DES AUGUSTINS, 59.

1836.

OBSERVATIONS PRÉLIMINAIRES.

Le génie de l'époque n'a point, comme Janus, de visage tourné vers le passé. Ses regards dévorent l'avenir; une voix incessante semble lui crier : « Marche, marche encore. » La science doit, toute haletante, s'empresser et le suivre; il faut que des hauteurs de son vol elle s'abaisse et touche souvent la terre, qu'elle devienne pragmatique et sache se façonner en instruments immédiats d'action, en manuels, en axiomes, maximes, adages, etc.

Quand les vérités de détail si essentiellement fugitives se multiplient, bouillonnent pour ainsi dire, enfantées de toutes parts par le mouvement des esprits et des choses, la tâche des vérités d'ensemble s'agrandit, chargées qu'elles sont de fournir à l'esprit humain la substance fidèle de ses labeurs, formulée en axiomes, en lois, en maximes, adages, etc.

Si le besoin, si l'importance de cet instrument synthétique s'accroît dans un siècle progressif, c'est un devoir de s'appliquer à le mieux connaître, d'en mieux observer les ressorts, la portée, la force, les ressources et les dangers.

L'étude de la maxime et de l'adage en général, et en particulier par rapport à la science du droit qui en éprouve plus vivement le besoin, ne sera donc pas sans opportunité.

L'adage ! c'est de la pratique, ou il n'en est pas au monde; c'est la doctrine qui se resserre et se contracte pour s'adapter à la main qui va l'appliquer au fait actuel et présent.

Mais l'adage, ce vivant symbole de la pratique; mais la maxime, si vous la considérez du côté de sa génération, de son empire légitime ou usurpé, de sa logique, etc., appartiendra non plus seulement à la pratique, mais aux théories les plus transcendantes : c'est un des points par lesquels le droit touche aux plus hautes régions de la métaphysique, et le droit ne désavouera point cette affinité; malheur à la science qui se détache et s'isole des autres sciences. Elle se rétrécit, se dégrade et perd bientôt jusqu'au nom de science.

On trouvera ainsi dans le sujet de l'adage ou maxime les deux choses qui ne doivent jamais se séparer en droit : la théorie et la pratique.

La théorie, qui perd de vue la terre et les affaires humaines, ressemble à la vierge sainte de Bacon; elle n'enfante pas : *Sicut Deo virgo sacrata nil parit;* la pratique, sourde à la science, trop et mal enfante : elle inquiète, elle trouble; l'instinct préside à ses pas. Cet instrument, qui ne peut se reposer dans sa main, elle en ignore la force, la portée; elle gâte le bien, elle empire le mal...

L'utile et vrai praticien est celui qui des hauteurs de la doctrine fond comme l'aigle, d'un vol assuré sur sa proie, la direction des affaires humaines. Dumoulin et Pothier étaient d'excellents praticiens; mais s'ils marchaient d'un pas aussi sûr dans les voies de la pratique, c'est que la science les guidait et les éclairait de toutes parts; c'est que la pratique avouée par le droit n'est autre chose que la science elle-même, mais, selon l'énergique expression de Dumoulin, la science qui a digéré: *practica est scientia digestiva.*

Dites, si vous le voulez, avec Dumoulin, à la théorie qui s'égare : *hæc juris scientia parum proficit nisi benè et frequenter negotiis applicetur*, c'est peu de chose que la science qui ne s'applique pas souvent et bien aux affaires. Mais souffrez, discutez les théories; bonnes ou mauvaises, il en faut à l'esprit humain. Si trop de défiances se soulevaient contre elles et décourageaient les fortes études, qu'y gagnerait-on? La place réservée dans l'entendement aux bonnes théories, aux théories sincères, que les débats publics auraient épurées et en quelque sorte vannées (*ventilata*, Bac.), ne resterait pas vide; elle serait bientôt prise et remplie par une foule d'idées fausses ou hâtées, de semi-doctrines fragmentées, nées à l'ombre des besoins du moment; comme l'on voit, dans le cœur de l'homme vide d'idées saines et religieuses, se glisser à leur place l'erreur et la superstition.

La langue possède un terme qui consacre l'indissoluble alliance de la théorie et de la pratique, c'est celui de jurisconsultes. Écoutez Dumoulin, parlant d'un de ses savants traités : *Hoc opus non meri doctoris scholastici nec meri pragmatici, sed veri jurisconsulti.*

Il n'y aura donc pour le droit de progrès, de salut même, que dans la culture simultanée de ces deux éléments.

La règle-maxime tient à l'un et à l'autre.

Pour arriver à bien savoir la maxime *concrète*, énonçant telle ou telle vérité d'application, l'esprit s'attachera à connaître d'abord la maxime *abstraite*, la maxime dans ses éléments essentiels et communs; c'est la division naturelle du sujet.

La maxime *abstraite*, ou théorie de la maxime doit offrir à la pensée tout ce qui se retrouve au fond de chaque maxime, son idée constitutive, le mystère de sa génération, la magie de sa puissance, les conditions de sa légitimité, ses principes de classification, etc.

La maxime *concrète* sera la maxime étudiée dans la vérité qu'elle énonce et dans ses applications : c'est l'objet des monologies. Cette seconde partie, éclairée et préparée par la première, devra offrir le tableau des règles-maximes distribuées en groupes, classées par familles, succinctement traitées chacune à sa place, à la place vraie marquée par ses rapports.

Il ne s'agit aujourd'hui que de la première partie, essentiellement préliminaire, d'un essai de théorie de la règle-maxime.

On peut distribuer en quatre catégories les auteurs qui ont traité des maximes et règles de droit.

La plus nombreuse se compose des auteurs qui ont commenté le titre du Digeste *de Regulis juris*, parmi lesquels on distingue Ph. Décius, in-folio, Lyon, 1561; Peckius, etc., plus près de nom; Bronckort, in-12, Amsterdam, 1665; Dantoine, avocat à Lyon, in-4°, Liége, 1772.

Ce dernier passait pour avoir heureusement résumé ses prédécesseurs.

On peut rapporter à cette catégorie les auteurs qui s'attachèrent à compléter le titre *de Regulis juris* en y ajoutant les autres règles générales, répandues çà et là dans le reste du droit romain : le président Favre, in-folio, Paris, 1585; Jacques Godefroi, Pothier dans ses *Pandectes*, etc. C'est un pas qu'ils firent faire à la science.

Dans la seconde catégorie se rangeraient les jurisconsultes qui ont rassemblé les règles et adages du droit français : Loysel, Charondas, Pocquet de Livonière, Lhommeau, Lathomassière, etc. Ils ont aussi servi la science; mais c'est avec raison qu'on a dit d'eux : « Si on excepte un fort petit nombre de leurs » règles, et dont plusieurs même sont copiées sur celles du droit » romain, les autres ne regardent que les provinces où les au- » teurs ont vécu. »

Viennent ensuite les auteurs qui, sortant des bornes de tel ou tel droit, ont, au profit du droit général, réuni les maximes, axiomes, brocards de droit, etc., quelle que fût leur origine. C'est encore un pas qu'ils ont fait faire à la science. Le plus ancien des traités de ce genre est celui de Damasus intitulé *de Brocardis*, qui fait partie du *Tractatus tractatuum*. Il rassemble et discute 132 brocards, ou prétendus tels. Le plus célèbre des auteurs de cette catégorie est Augustin Barbosa, qui a réuni et commenté plus de 1200 axiomes de droit, parmi lesquels bon nombre de maximes ascétiques ou canoniques, plusieurs encore qui n'ont pas reçu la consécration de l'usage.

On peut ranger dans une dernière classe les auteurs des monologies, des traités *ex professo* sur telle ou telle maxime, se fondant sur l'axiome : *utile per inutile*, etc.

Les auteurs modernes sont trop connus pour avoir besoin d'être cités. C'est toutefois un devoir de rappeler ici le recueil publié par M. Jourdain, conseiller à la Cour royale de Rennes, magistrat de digne et savante mémoire, intitulé : *Collectio diversarum juris regularum*, in-18, Paris, 1808.

Il importe de remarquer : 1° qu'aucun de ces auteurs n'a tenté l'œuvre, difficile il est vrai, mais essentielle, d'une classification des règles-maximes, et pourtant le droit ne peut différer à cet égard des autres sciences : ce qui est bien classé est à moitié su ; Barbosa adopte l'ordre alphabétique, si l'on peut appeler ordre cette simple juxta-position. M. Pothier les divise comme le droit lui-même, rejetant ainsi tout principe de classification propre ; 2° qu'aucun d'eux n'a traité la maxime abstraite, la maxime vue dans ses éléments constitutifs et ses modes généraux. François Hotman seul dans le livre II de ses *Observations*. Hotman, dont nous aurons l'occasion de rappeler les paroles, a jeté quelques idées lumineuses sur la nature de la maxime et ses rapports avec la loi.

Ces idées, qui planent sur tout le droit méritaient à ce titre et semblaient attendre et leur complément et cet enchaînement qui doit en faire un corps de doctrine et les élever, comme quelques parties de notre d[illegible] public, au niveau de la science nouvelle. C'est l'œuvre difficile tentée aujourd'hui, dans la conviction sincère qu'ici les plus faibles essais pourraient être utiles. A ce mot de doctrine, les préventions se réveillent; mais que les tendances actuelles se rassurent; et que le siècle, si avide d'applications, si altéré de positif, écoute un instant : il y a bien plus de garantie, bien plus d'utilité, et partant plus de positif, dans les idées qui se complètent, s'élaborent, se coordonnent, se formulent pour descendre bientôt jusqu'aux faits et les féconder, dans les doctrines enfin que dans les idées qui restent éparses, sans culture, sans lien, sans parenté, inhabiles à tout enfantement; demi-lueurs plus propres à égarer qu'à conduire. L'esprit humain n'arrive au positif qu'en traversant à l'aide de la doctrine ce qui ne l'est pas, ce qui ne peut l'être encore. Des abus trop réels de théories et d'abstractions qui ne sont pas toujours des doctrines l'avaient jeté, surtout en matière de droit, dans l'extrême opposé; mais un salutaire retour se prépare; il n'y aura plus d'écho pour ces paroles de réaction répétées sous tant de formes: « Les principes sont fixés, connus, les doctrines épui» sées; il ne s'agit plus que de les appliquer sainement à ces » nouveaux êtres de droit éclos d'une civilisation ardente, ra» pidement progressive, et de l'esprit vivifiant d'association: » les diverses assurances, les journaux, les brevets d'invention, » les libertés industrielles, les voies nouvelles ouvertes aux com» munications, les exigences actuelles de l'utilité nationale, etc. » Sans doute, il faut bien que la doctrine réponde, s'applique vite et bien à toutes les exigences à mesure qu'elles surgissent, sans quoi elle ne serait pas la doctrine; mais où seront les garanties de la justesse et de la bonté de l'application, si ce n'est dans l'étude et l'intelligence parfaite du principe et dans la sûreté des méthodes qui président à l'application? A qui devez-vous, à qui devra-t-on les meilleures de ces applications? aux têtes les plus fortes, les plus riches en principes. On n'a pas vu que proscrire ou restreindre les doctrines, c'était s'appauvrir de ces mêmes applications qu'on veut à tout prix, et méconnaître la nature de cet esprit humain, toujours incomplet et boiteux s'il manque ou d'idées générales ou de l'esprit d'application.

Au reste, ainsi qu'on l'a vu, notre sujet tient à l'un et à l'autre de ces modes de l'entendement : et si la théorie doit trouver grâce, c'est sans doute quand elle s'attache à étudier, à perfectionner l'instrument le plus usuel de pratique et d'application, l'adage et la maxime, nées elles-mêmes des lois ou leur donnant naissance. Les maximes et leur théorie y ramènent incessamment et s'appliquent à en rendre la connaissance plus *positive* en rendant les applications plus éclairées et plus sûres. L'esprit ne sera point ici le jouet de stériles abstractions, c'est le droit lui-même, mais le droit vu et enseigné de haut, le droit réfléchi dans ses sources les plus vives; loin de dispenser de l'étude des lois et des *textes*, la théorie en fait un devoir, une nécessité, en la rattachant à celle des maximes elles-mêmes. Ainsi elle n'a pas encouru le reproche formulé par Bacon; elle ne fait aucun tort au droit positif, aucun larcin à la législation : *non furtum facit legibus*.

Ces essais se partagent en trois parties : l'introduction, à laquelle on a conservé sa forme primitive, celle d'un discours de rentrée; c'est un précis de toute la doctrine, précis qu'on s'est efforcé de rendre substantiel; l'essai de théorie et de logique de la règle-maxime; enfin la recherche et l'exposition du principe de classification.

INTRODUCTION

À

LA THÉORIE

DE LA

RÈGLE-MAXIME EN DROIT.

INTRODUCTION

À

LA THÉORIE

DE LA

RÈGLE-MAXIME EN DROIT[1].

« Le moment est venu de faire entrer la science
» nouvelle dans la législation et le droit. »

DISCOURS PRONONCÉ A LA RENTRÉE DES TRIBUNAUX EN NOVEMBRE 1833,
PAR M. *** MAGISTRAT, ANCIEN PROFESSEUR DE LÉGISLATION.

MESSIEURS,

En prenant aujourd'hui la parole, le Ministère public obéit moins à l'usage qu'à la raison de droit public qui l'explique, le consacre et semble le transformer en un saint devoir. Si toute justice émane du Roi, c'est au pouvoir qui requiert, en son nom, à ouvrir l'année judiciaire, à proclamer, à solenniser, en ce qui le concerne, le jour où la justice ordinaire suspendue quelque temps reprend son cours accoutumé.

Cette solennité serait vaine, si elle ne tournait à son profit. Ce but essentiel d'utilité, le parquet s'est constamment efforcé de l'atteindre. Les institutions et les lois qui suivirent la Charte de 1830 et vinrent dégager la foi de ses promesses, présentées dans leurs rapports avec la magis-

[1] Cette réimpression a permis à l'auteur de se livrer, sur quelques points, à plus de développements, d'en redresser quelques autres sur les avis d'un de nos magistrats les plus éclairés.

trature, tels furent les sujets de nos premières allocutions; le parquet vous offrit en 1833 le tableau de l'ordre judiciaire tel que l'a fait et modifié la Charte synallagmatique, la législation postérieure. Pour solenniser la rentrée de 1834, l'éclat d'un seul nom avait suffi, le nom de Lanjuinais; la solennité de ce jour devra encore quelque chose à cette illustre mémoire, et l'idée-mère du sujet dont je vais essayer de tracer l'esquisse, fut recueillie au cours de M. Lanjuinais, au milieu de tant d'autres germes de science qui, de cette source élevée, comme une sorte de trop-plein continu, se répandaient sur nos esprits jeunes et avides [1]. La même main qui retirait à l'axiome le sceptre de l'absolutisme que lui dénie sa génération, le posait, l'affermissait sur une base légitime, et présentait à la science et à la justice les maximes de droit, abstraction faite du prestige de leur consécration séculaire, comme autant de puissants aide-mémoire, dont nos faibles esprits ne pouvaient se passer.

Cette nécessité, cette puissance de l'adage, en droit, est un fait qu'il faut accepter. C'est ici, c'est au barreau que du fond du droit romain, des chaires de l'école, des livres de la doctrine, vient aboutir d'échos en échos l'imposante voix de l'axiome pour se transformer en arguments, en motifs, en jugements; partout, mais surtout au barreau, la raison, pour vaincre, comme le lutteur dans l'arène, a besoin de se replier sur elle-même, de se resserrer en adage, et d'emprunter, pour se couvrir ou frapper, cette arme si puissante.

Cet empire est-il aussi légitime que réel? Oui, s'il est

[1] C'est à ces leçons que la science doit M. Carré.

vraiment nécessaire, si rien en droit ne peut suppléer à l'adage; oui, s'il est démontré que, l'adage vaincu, cette triste victoire ne profiterait qu'à l'arbitraire; que seul l'arbitraire viendrait s'asseoir à la place de l'adage détrôné ou déchu.

Tel est le sujet que j'offre à vos méditations. Le remplir serait au-dessus de mes forces; qu'il me suffise d'en montrer de loin les sommités.

Il n'est pas nouveau sans doute, mais il sera longtemps utile d'observer l'empire, souvent la tyrannie qu'exerce sur l'esprit humain la proposition générale qui s'est faite adage ou maxime, qui; au sein de cette mer si mobile des idées, à l'aide de ses termes et d'une formule arrêtée, comme d'une ancre puissante, a pu saisir le fond et s'y arrêter.

Ces appuis de l'intelligence en seront bientôt les bornes, si rien ne réveille l'esprit d'examen; il faudra bien accepter ces inconvénients, subir ces conditions, si la maxime, si l'adage répond en effet à des besoins de notre nature, au besoin de l'esprit de se résumer, de s'appuyer, de se souvenir, et surtout à l'incessant besoin de croire et d'agir [1].

[1] Les peuples naissants et les peuples avancés diffèrent peu à cet égard. Les premiers ont bientôt converti en adages grossiers leur grossière expérience; les autres doivent à des observations plus complètes des maximes plus épurées et plus nombreuses.

Mais dans les uns et dans les autres, même empressement de l'esprit à atteindre ces points culminants de la pensée, *ut adquiescat*, dit Bacon, afin de se reposer et de n'avoir plus qu'à descendre à de faciles applications.

Arrêtons-nous à un exemple pris dans la vie commune: « *un mauvais arrangement vaut mieux qu'un bon procès.* » L'homme qu'une analyse plus ou moins fidèle, l'exemple ou la confiance, a placé sous l'empire de cet adage de paix se félicite d'y trouver une résolution dictée d'avance, et de s'épargner ainsi la peine de la prendre lui-même.

Le besoin d'examiner prévaudra à son tour. Le moment arrive où l'esprit.

Cette loi de notre nature, l'esprit la portera partout, et chaque science aura bientôt, trop tôt peut-être, à nous offrir, selon la nature de son objet, ses sentences, ses aphorismes, ses adages, ses axiomes, etc. [1].

Ne nous plaignons pas. Prenez la morale, par exemple. La vie est si courte, l'expérience si longue! Où en serait la société humaine, si l'expérience des siècles ne se traduisait en formules et maximes aisément transmissibles? Otez les adages, que resterait-il au fond de tant d'intelligences vulgaires? Heureux le sage à qui il fut donné, comme à Franklin, de doter de maximes nouvelles la philosophie populaire! Il aura doué de vie des vérités mortes; il les aura frappées, au profit de la civilisation universelle, d'une empreinte dont l'âge ne fera qu'augmenter le relief et l'éclat. Mortel, il aura fait aux hommes un legs immortel. Quand, vers la fin du moyen-âge, la paresse sanctifiée et pieusement stérile peuplait les cloîtres et dépeuplait l'état, que fit la vérité dans ce péril de la société civile attaquée dans son principe? Elle *se fit maxime* et s'offrit au bon sens du peuple sous la forme et avec les insignes de la sentence. C'est dans l'humble adage *qui travaille prie*, que la morale inquiète prit la formule de ses protestations et puisa la force de réagir [2].

dont l'activité croît avec le nombre des idées, reviendra sur les produits hâtés de la synthèse; mais dans le cours de cette réaction analytique, il sera gouverné par la même loi, attiré vers le même but; il ne s'agira que de refaire, de substituer une maxime à une maxime, et de changer pour ainsi dire d'oreiller.

[1] Cette riche synonymie, cette famille nombreuse de noms divers, par lesquels la langue s'efforce de rendre toutes les nuances, de distinguer toutes les faces d'une même idée, celle de *règle-maxime*, révèle ici une grande nécessité intellectuelle et un fait primitif de l'entendement humain.

[2] Quintilien appelle toute l'attention de l'avocat sur les maximes populaires les proverbes, etc., et le parti qu'il peut en tirer. Écoutez le rhéteur philosophe,

Aura-t-elle un moindre besoin de ces auxiliaires, cette branche de la morale publique qui étudie l'art immense de reconnaître, départir, attribuer et garantir à chacun le sien, *suum cuique?* non sans doute, et nulle part ne se fera sentir avec plus d'énergie la nécessité d'enchaîner les détails à des énoncés vastes, féconds et multipliés, comme il faut à une armée plus nombreuse un plus grand nombre de drapeaux.

Une nécessité plus pressante encore a rendu le droit en quelque sorte la patrie de l'adage. Un problème de géométrie ou de chimie peut pactiser avec le temps et lui dire : « j'attends Newton ou Lavoisier. »

Mais en justice il faut des solutions soudaines. Une question de propriété ou d'état ne peut rester longtemps

dont les paroles justes et profondes dévoilent une partie du mystère de leur puissance. « *Ne hæc quidem vulgò dicta et recepta persuasione populari sine usu » fuerint testimonia sunt enim quodam modo potentiora etiàm quòd non » causis accommodata, sed liberis odio et gratiâ mentibus, ideò tantam dicta » factasque quià aut honestissima aut verissima videbantur.*

» Ne négligez pas non plus d'invoquer, en faveur de votre cause, le témoignage » de ces dictons vulgaires, de ces maximes nées des persuasions populaires ; » moyen d'autant plus puissant, qu'il n'aura pas été apprêté pour la cause par la » haine, la prévention, la faveur ; et que ces maximes ne se sont formées et n'ont » pris faveur que parce qu'elles paraissaient à tous être les échos fidèles et désin- » téressés de la vérité ou de la vertu. »

Plus bas, et dans le même chapitre, Quintilien reprend le même sujet : *ea » quoque, quæ vulgò recepta sunt, hoc ipso quod incertum auctorem habent, » velut omnium fiunt : quale est : ubi amici, ibi opes... Conscientia mille tes- » tes... Pares cùm paribus facillimè congregantur, nequè enim durassent » hæc in æternum nisi vera omnibus viderentur.*

» Il y a des maximes, des proverbes adoptés par le vulgaire, qui sont comme » l'œuvre et la propriété de tous, par cela seul que leurs auteurs sont inconnus ; » comme ces maximes : Où sont des amis sont des *richesses*. Ces dictons auraient- » ils duré éternellement, si tous n'y avaient reconnu, d'âge en âge, le caractère » de la vérité? »

suspendue. L'ordre civil secoué sur sa base ne pourra dire : « j'attendrai. » Il faut qu'une main prompte et forte le raffermisse ou le replace. La question agitée ne peut attendre l'apparition d'un Papinien ou d'un Dumoulin ; il faut qu'elle soit aujourd'hui, demain, dénouée ou tranchée ; et l'instrument qui dénoue ou qui tranche, c'est bien souvent la maxime ; témoin d'Aguesseau, 53e Plaidoyer. « Ce qui rend cette cause difficile, disait-il, c'est » le combat et l'opposition *des maximes*. »

C'est la carte réduite de la science du droit, une synthèse puissante qui rappelle, permettez ce rapprochement, le Pandémonium de Milton, et semble offrir aussi à l'esprit, rassemblés dans un étroit espace, retenus sous sa main et à son service, comme autant de sujets, tout ce que le droit contient de transcendant, toutes les conquêtes de l'analyse et du temps.

Écartez un moment tous les codes, et vous trouverez encore qu'à chaque besoin essentiel de la vie civile répond une maxime antérieure à la loi.

« *Bien avant la loi,* dit M. Merlin (*Répert. v° Séparat. de » corps*) la maxime *cùm principalis causa, non Consistit, nec » ea quidem quæ sequuntur locum habent* (Dig. L. 129 de Reg. » jur.), avait enseigné que la séparation de corps emportait la séparation de biens, parce que la société de biens, » n'étant qu'une suite de la société conjugale, doit subir » le sort de celle-ci. »

Quædam legibus ipsis priores videntur [1], a dit Tulden.

[1] Les jurisconsultes n'assignent qu'une origine aux maximes. Ils les font sortir de la comparaison des lois entre elles... *Ex pluribus legum capitibus inter se comparatis regulas elicuerunt jurisconsulti* (Calvin). Voy. Aph. 82, 83.

C'est aussi l'opinion de M. Toullier. « Ces règles, dit-il, ne sont que des

C'est que, souveraine après Dieu, la société humaine fait elle-même ses plus hautes affaires, tout ce qui est essentiel, durable et grand : sa langue, ses mœurs, ses maximes. Les plus importantes des idées sociales n'ont pas dû attendre le législateur. Des nations sans lois se sont trouvées, aucune sans maximes.

Que pourra le législateur? suivre les pas de la société dans cette route synthétique, les reconnaître, les marquer, saisir et formuler quelques-unes des conséquences codifiables de ces maximes qui ont régné avant lui, qui régneront après; et ce travail de la loi, essentiellement éclectique, ne peut amortir celui de la société ni ralentir le cours de son action et de sa réaction incessante sur les maximes qui la régissent.

Mais force est à la loi de laisser plus à la maxime qu'elle n'en emprunte. La loi userait le sceau de la sanction publique s'il fallait qu'elle l'apposât sur toutes les conséquences des maximes dont la vie civile ne peut se passer.

Pendant que l'éclectisme de la loi prend et sanctionne quelques-unes des applications de la maxime, la maxime

» maximes générales trouvées par les jurisconsultes qui, après avoir observé ce » qu'il y a dans les lois de commun, énoncent cette conformité par une *maxime* » qu'ils appellent une *règle*. Cujas a dit aussi : « *Jus regulâ prius est; regulæ* » *posteriores; indè postremum locum occupant in digestis.* »

La science dément cette origine rétrécie et qui ne s'appliquerait qu'à un ordre inférieur de règles proprement dites. Les vraies maximes ont parlé *bien avant la loi;* c'est qu'elles sont les organes de ce droit transcendant dont il faut dire sans cesse avec M. Lherminier : « Le droit *préexiste à la législation.* » En l'état, il faut qu'il y ait un commerce continu entre la maxime et la loi, la loi et la maxime. Née de la maxime, la loi en produit à son tour, *et vicissim.* Au reste, Philippe *Décius,* le plus savant peut-être des anciens commentateurs du titre des *Reg. juris,* ne partage pas les idées de Cujas : il fait une distinction judicieuse, et prouve que quelquefois c'est la règle même qui fait le droit. *Regula ipsa est jus.*

forcément laissée en dehors brille du même éclat aussi riche après qu'avant l'emprunt, et les conséquences devenues lois demeurent toujours, à ce titre indélébile de conséquences, soumises à l'empire des adages dont elles découlent, empire légitime dont la sanction n'a pu ni voulu les affranchir.

Ainsi la loi confiante abandonne toujours au sein de la maxime plus de conséquences qu'elle n'en saurait tirer ; et sûre qu'elles s'y retrouveront au besoin, ainsi dispensée de descendre à des détails qui l'énerveraient, elle laisse à la maxime à régir et à défendre une grande partie de l'ordre civil qui, sans elle, sur plusieurs points, resterait à découvert.

Ainsi la règle-maxime, après avoir inspiré la loi, reste et veille encore auprès d'elle, au milieu d'elle, en quelque sorte comme la lampe au milieu du sanctuaire, éclairant et les points où la loi s'applique et ceux où elle ne peut atteindre.

Ainsi, c'est le culte même de la loi qui, de tous les côtés, ramène à celui des maximes.

Toutefois, il est temps de l'avouer, au milieu de ce concert d'hommages, quelques voix discordantes se sont fait entendre.

On a pu dire : « Les maximes générales nous trompent.
» Il n'y a que spécialités dans ce monde. Récuser l'inspi-
» ration des circonstances pour se confier à la foi de ces
» *axiomes à priori*, c'est aimer le péril et braver les chances
» de s'égarer. »

D'autres spécialisant ces griefs les ont étendus à notre sujet ; en repoussant le droit naturel, ils en rejettent les organes les plus accrédités, les *règles-maximes*. C'est la doctrine de l'école utilitaire, benthamiste, à qui la science pardonnera ce paradoxe en faveur des voies nouvelles qu'elle lui a ouvertes. Il suffira de lui répondre : « vous » repoussez les axiomes, et pourtant vos travaux ne seront » vraiment acquis à la science que le jour où ils auront » porté ces vrais fruits de la science, ces axiomes brillants » d'évidence, dignes de prendre rang parmi nos maximes » et dignes comme elles de l'assentiment des siècles[1]. »

Si l'on insiste sur la fréquence et la gravité de l'abus, la philosophie répondra : « *Les abus inévitables sont des* » *lois.* » Que peut la sagesse humaine? restreindre l'abus en dirigeant l'usage.

Un publiciste grave a cru voir dans la trivialité des adages un titre de proscription. « Évitez, dit-il, ces reconnaissances de principes usés par le frottement de la civilisation. »

Cette trivialité n'était pourtant aux yeux de Bacon qu'un titre de plus ; et, pendant qu'à l'égard des autres sciences ce grand homme voulait qu'on refît l'entendement humain, et que l'axiome fût traduit à la barre, interrogé, vérifié; il disait aux légistes, en leur donnant l'exemple : « rassemblez, coordonnez les grandes règles de

[1] Un jurisconsulte a dit encore : « Les règles générales servent de points d'appui et d'asile à l'ignorance. » *Répert.* v° Enclave, d'Henrion de Pansay.

Ce dernier reproche rappelle celui que Bacon adressait aux abrégés, qui affectent souvent les formes de l'ellipse et de la sentence : « Craignez, dit-il, qu'il » ne » rendent les hommes trop prompts à la pratique, trop lents à l'étude; qu'ils ne » laissent là la science elle-même, pour s'en tenir à ces ouvrages chargés de résumer le droit et non de l'enseigner; qui, quelque soin qu'on apporte à leur » confection, restent le plus souvent coupables de larcin envers la législation.

Cavendum est ne summæ istæ reddant homines promptos ad practicam, cessatores in scientiâ ipsâ. Earum enim officium est tale, ut ex iis recolatur jus, non perdiscatur... Cavendum ne furtum faciant legibus.

» droit, afin que l'on juge aujourd'hui comme on jugea » hier. »

Le parquet de France avait d'avance fait sa réponse.

« C'est l'humanité, disait l'avocat-général Séguier, c'est » elle qui vous répète ces maximes qui ne sont si *triviales*, » que parce qu'elles sont le cri général de tous les ordres » de citoyens. »

Ainsi aux yeux du droit, qui n'est que la raison civile mise au service de l'humanité, la banalité de cet adage au front usé aura sa noblesse et son prix; que le génie des arts cherche à émouvoir par des impressions nouvelles; le génie du droit porte plus haut ses regards; il aspire à réagir, à améliorer les hommes; et l'un de ses moyens les plus sûrs sera de s'appuyer sur ces maximes qui circulent au sein de la société pour ses besoins moraux, comme la monnaie du prince pour ses échanges; qui, à l'occasion, inspirent à tous, grands ou petits, l'idée involontaire de les invoquer, à nul au monde celui de les contester, qui dans la logique du droit sont si souvent les prémisses parfois implicites mais toujours obligées de tout syllogisme judiciaire.

L'école d'Aristote avait gravé ou plutôt scellé dans les esprits cet axiome qui courba si longtemps l'esprit humain : « *On ne dispute pas des principes.* » Mais dans les sciences mixtes qui sont à la fois science de ce qui est et de ce qui doit être, qui vivent d'autorité et de raison; mais en droit cet axiome est le plus souvent de mise et de bon aloi. C'est que là les maximes sont vérifiées tous les jours par leurs effets, soumises à l'expérience permanente de l'humanité; c'est qu'on peut, qu'on doit même les considérer comme autant de conventions tacites sur la foi desquelles l'homme vit au sein de la société civile. *Tacita quædam civium conventio.* L. 36, D. de leg. 1. 3.

« Nous profitons des travaux de nos devanciers, dit d'A- » guesseau (t. 5, p. 163), nous marchons avec plus de » facilité dans la carrière qu'ils nous ont tracée, et sans » nous attacher à *prouver les maximes*, contentons-nous de » les appliquer. »

En droit, prouver les maximes, ce serait en général recommencer ce qui est achevé, remettre en question, non les idées, mais les choses, mais la société civile.

C'est que les maximes, éternel reflet d'une nature de rapports qu'aucune variation ne peut déranger ni atteindre, ou expression d'une suprême nécessité, c'est que les maximes proprement dites[1], portent *leurs preuves avec elles-mêmes*. C'est la belle et forte expression de M. Merlin en parlant de la maxime : *quæ sunt temporalia ad agendum sunt perpetua ad excipiendum : tant dure l'action, tant dure l'exception.* « Cette maxime est, dit-il, l'expression d'une » de ces vérités élémentaires qui portent leurs *preuves* » *avec elles-mêmes*. Il est difficile de croire qu'elle n'en ait » pas le caractère, non-seulement parce qu'elle est profes- » sée unanimement par tous les jurisconsultes, mais en- » core parce que rien ne parait plus conforme à l'équité » et à la raison que de faire *durer le droit de se défendre* » *aussi longtemps que le droit d'attaquer, etc.* »

Ces vieilles maximes n'ont-elles pas soutenu l'éclat et les épreuves d'une longue publicité, lassé les disputes, épuisé les discussions humaines? n'ont-elles pas été *vannées* de-

[1] Ce nom n'est pas dû à tout ce qui est règle; mais à la règle-maxime, qui domine, renferme, discipline les règles particulières... *Quæ in formâ ipsâ justitiæ hærent, quæ per materias legis diversas percurrunt* .. Bac. Aph. 82, 83.

puis long-temps? *Publicata sermonibus et disceptationibus hominum agitata et ventilata extiterunt*..... Bac. Aph. 28.

Ainsi, de sa nature, la règle-maxime en droit née pour terminer les contestations, s'élève et reste au-dessus des régions où celles-ci s'agitent. Elles ne soulèvent légitimement que des questions de compétence, d'authenticité, d'applications. Qui songerait, par exemple, à dénier en eux-mêmes ces adages : « *L'accessoire suit le sort du prin-* » *cipal : les droits que l'on n'a pas on ne peut les transmettre*, » *et cætera?* » ce serait contester les individualités, faits ou idées, dont ces maximes sont déduites, c'est-à-dire contester la nature elle-même, contester les lois premières de l'entendement qui a procédé à ces opérations. *Solem quis dicere falsum audeat?*

Un autre lien attache l'esprit humain à ces vieux monuments intellectuels. Il y respecte les témoignages de vie d'une société antérieure; car pour l'entendement social, vivre c'est se résumer sans cesse en adages et maximes formés, adoptés, modifiés, effacés, transmis. L'esprit humain est un être *porte-maximes*[1]. Ce sont des fruits qu'il ne peut cesser de produire sans cesser d'être; c'est dans ces notions devenues sacrées ou dignes de respect jusque dans les termes qui les énoncent, que la société semble se réfléchir et se contempler elle-même. C'est là qu'elle retrouve sa continuité, son identité, son moi, le résumé de la pensée séculaire.

Les idées morales se disperseraient sans ce lien qui les rattache, l'être moral serait dissous; vainement cherche-

[1] Les hommes, dans le fond, raisonnables, mettent sous des règles leurs préjugés mêmes... (*Esprit des lois*, l. 28, ch. 23.) L'usage monstrueux du combat judiciaire a produit des adages. *Les battus paient l'amende*, etc.

rait-il à s'en dépouiller; vainement les chasserait-il, s'il était possible, la faux à la main; promptes à rentrer dans l'entendement, elles y reprendraient leur place : l'expérience actuelle referait de toutes pièces l'œuvre de l'expérience passée.

Mais comment? aux nouveaux risques, aux nouveaux périls, aux nouveaux frais de l'humanité. Combien il lui en coûterait en effet pour relever, à force d'expériences nouvelles, ces colonnes de l'ordre intellectuel et moral! ces maximes, ces adages, ces axiomes, toutes ces richesses d'une laborieuse synthèse, que la société humaine est loin de les tenir à titre gratuit! qu'elles ont été chèrement payées! que de temps et combien d'iniquités, par exemple, avant d'avoir pu former par voie d'induction cette règle triviale mais forte: « *on ne peut être juge et partie*[1], » maxime dont le seul énoncé comme une voix d'en haut, ferait, le front rouge de honte, descendre du siége les Jefferies qui déjà y auraient pris leur place.

De là en mal et en bien (et telle est la condition de tout ce qui est instrument nécessaire de notre liberté morale), cette puissance de l'axiome dont le temps a creusé la place dans l'intelligence humaine.

De là cette obligation de la science du droit de tendre à l'axiome comme au but le plus élevé, le plus digne qu'elle puisse atteindre. « Il faut, dit un publiciste chargé d'un » haut enseignement[2], il faut que la science se formule et

[1] Nemo judex in causâ propriâ; « *juge et partie ne peut*, » Dumoulin. Voyez de belles applications de cette maxime dans les *Constitutions*, par Lanjuinais, t. 1, p. 230, Notice de sa vie, p. 19; dans les Annales politiques de M. Isambert, p. 126. Paris, 1825.

[2] M. Lherminier.

» nous donne son livre ; il faut qu'elle produise son fruit, » des axiomes d'une éclatante évidence qui nous rallient.»

Heureusement, telle est la tendance naturelle de notre science du droit, et les maximes dans lesquelles sans cesse elle aspire à se résumer, semblent avoir reçu d'elle la mission de la représenter. Aussi d'Aguesseau donnait-il à son fils ce conseil : « On ne saurait trop remplir l'esprit de » ces notions communes qui sont comme autant d'oracles » de la jurisprudence et comme le précis de toutes les ré- » flexions des jurisconsultes. Rien ne fait même plus d'hon- » neur que d'avoir à la main ces sortes de sentences, qui » donnent non-seulement l'ornement, mais du suc et de la » substance à toutes les réponses. »

Avant lui, Cujas donnait le même conseil à ses élèves. Témoin Loisel, qui a rassemblé les maximes de notre droit français : « Tout ainsi, dit-il, que notre grand maître et » docteur commun du droit romain, Cujas, nous ensei- » gne qu'il fallait soigneusement prendre garde aux règles » et principes de chacune de ses parties, j'ai aussi pris » peine et plaisir en le pratiquant avec notre droit français » par l'espace de quarante ans et plus, de remarquer en nos » coutumes et usages ce qui avait apparence de règles et » de sentences, et en les assemblant peu à peu, de les ran- » ger en quelque meilleur ordre. »

Cujas, qui s'était créé de si belles méthodes pour arriver à la connaissance approfondie du droit de Rome, était bien compétent et doit être cru lorsqu'il dit : « prenez soi- » gneusement garde dans l'étude du droit aux maximes » de chacune de ces parties ; » c'est dans l'intérêt même des vérités de détail qu'il faut cultiver et arrêter les vérités générales ou maximes qui les disciplinent ou les rallient.

Un autre fruit de cette méthode est de pouvoir, au nombre plus ou moins grand des adages qui règnent dans la matière, mesurer le degré de son utilité et de son importance pour la société humaine. C'est en effet vers les points les plus faibles de l'ordre civil et les plus dégarnis qu'ont dû se porter de préférence et le plus souvent les forces de la raison publique. Les maximes sont les traces fécondes qu'elle a laissées sur sa route, et l'on peut dire aussi « la » raison humaine a souvent passé par là. »

On conçoit maintenant ce culte des axiomes et maximes qui est, en quelque sorte, le cachet des jurisconsultes.

C'est à eux, c'est au barreau que la science impose le devoir de vérifier, appliquer, enrichir cette partie transcendante de la science du droit[1], de défendre la maxime méconnue ou violée. Voyez avec quelle ardeur et quelle force de raison Dumoulin défend et venge, contre l'ordonnance de 1539, l'adage *quæ sunt temporanea*, etc.!

Dumoulin, le père du droit moderne, l'une des plus fortes têtes qui aient existé en droit, a été aussi le plus fécond en axiomes. Ce serait un riche tableau que celui des maximes dont la science doit à ce grand homme ou la création, ou, ce qui est une seconde création, une meilleure et plus saine intelligence.

Ce tableau réclamerait une main habile et forte, et un nouvel Henrion de Pansey; souffrez qu'à défaut, j'en esquisse ici quelques traits seulement.

[1] Dumoulin appelait EUNOMIE le but de perfection où devait tendre le droit civil.

En intercalant la racine du mot grec *kanon* (κανων), règle de droit, on obtient le terme *eucanomie*, *droit* eucanomique, droit qui s'attache à étudier et à coordonner les grandes règles de droit. Ce terme ayant, à juste titre, paru barbare aux grands maitres, on propose d'y substituer celui de *droit-maxime*.

Dans une célèbre consultation de 1555, Dumoulin proclama ce principe, qui retentit bientôt avec la voix tonnante d'un axiome, de barreau en barreau, jusqu'aux extrémités de la France :

Loca non dominantur personis, sed personæ locis.

Belle et sainte maxime, hardie pour l'époque; arme puissante que se forgea son génie pour attaquer de front la féodalité et la resserrer dans ses plus strictes limites.

D'une autre main il étendait sur les actes anciens, souvent base unique de la propriété, un voile de protection, dans la maxime :

In antiquis omnia censentur solemniter acta.

C'est dans le même esprit et avec la même supériorité qu'il défendait le droit du pays attaqué dans sa source par des adages odieux. Seul il osa s'élever contre la maxime naissante mais déjà forte, digne en effet du chancelier Duprat, « *Nulle terre sans seigneur.* » Seul il entreprit, en démontrant qu'elle ne pouvait avoir d'application qu'à la justice, de la refouler dans le cercle étroit de son objet. « Il y avait trop de personnes, dit M. Henrion, intéressées à ce que Dumoulin eût tort, » et le cri de la justice fut étouffé, et ce vaste réseau de servitude que ses mains généreuses voulaient rompre s'étendit pour plus de deux siècles encore sur notre belle France. Il ne fallut rien moins que le génie d'une révolution pour accomplir l'œuvre tentée par celui de Dumoulin et briser la maxime qui résista à ses savants et patriotiques efforts.

Dumoulin tire de la poussière du droit canon la maxime *Qui confirmat nihil dat,* et se l'approprie en lui imprimant un éclat d'application que rien ne peut effacer ; car la palme de l'adage appartient à celui qui le démontre et en enseigne l'usage aux hommes.

A ce titre, la maxime, au sens si vaste, *Utile per inutile, etc.*, devrait être attribuée à ce grand jurisconsulte, qui a tant fait pour elle, et l'a rendue l'un des flambeaux du droit.

Dumoulin combattit encore, à l'occasion de la maxime: *Locus regit actum,* le principe de la domination des lieux, autre légitimité de l'époque. « Le lieu, dit-il, n'a de puis-
» sance que celle qu'il tire de la volonté présumée. Si le
» lieu régit quand les époux se marient sans contrat, c'est
» que leur volonté change en convention tacite les dispo-
» sitions des coutumes sous l'empire desquelles leur union
» se forme. La loi du lieu ne régit que comme contrat. »
C'est cette belle théorie qui réconciliait la maxime avec la science, que Dumoulin fit triompher, malgré les efforts de son perpétuel antagoniste Dargentré, Dargentré, notre compatriote, plus lettré, plus éloquent, mais moins profond que son adversaire. Celui-ci, sans Dargentré, aurait-il été Dumoulin? Le Droit, dans sa reconnaissance, ne pourra séparer ces deux noms.

L'équitable avenir y associera celui du grand jurisconsulte que nous venons de perdre et qui fut comme Dargentré, l'honneur de la Bretagne. On dirait que Pothier naquit avec la belle mission de répandre par une lumineuse paraphrase le goût et l'intelligence des maximes du droit de Rome et des adages de Dumoulin; il servit avec Domat d'intermédiaire entre Dumoulin et le Code civil. En s'élevant plus haut, Toullier a plus fait pour l'axiome. Sa pensée a plus d'essor, de nerf et d'indépendance; il a sur Pothier cet avantage que son esprit s'était trempé dans le fleuve de 89 et dans notre droit public moderne; il jette autant de lumière et plus de chaleur, son âme parle plus souvent à l'âme. Pothier respire en quelque sorte dans les pages du Code civil qu'il eut la gloire de préparer; à Toullier celle d'avoir été le plus transcendant de ses commentateurs : tel il fut proclamé par M. Dupin [1]. L'avenir fidèle à cet arrêt gardera la couronne posée sur son front plébéien [2], aux applaudissements de toute la France, par le premier orateur du barreau moderne.

Son indépendance fut souvent aux prises avec l'axiome; il voulut, non sans raison peut-être, bannir de la science la maxime : *Factum negantis nulla probatio;* mais en général *on ne peut vaincre* [3] *une maxime que par une autre maxime.*

Sa parole s'élève plus sévère encore contre l'adage *Qui dicit de uno*, etc.; « Gardons-nous, dit-il, de cet adage » trivial... Ces faux raisonnements doivent être bannis de » l'école, si l'on veut rendre à la jurisprudence toute sa » pureté et en faire, à l'exemple des jurisconsultes romains, » une science raisonnable. »

Cette sortie, cette boutade contre l'adage, on la pardonnera facilement à ce grand jurisconsulte, en faveur d'un retour sincère et prompt à ces mêmes adages dont nul n'a su faire un usage plus fréquent et plus heureux. Suivons-le dans le volume suivant; l'adage proscrit revient se placer sous sa plume occupée de l'article 1406 C. C. « Cette dis» position, dit-il, contenant une exception à la règle gé-

[1] M. Dupin aîné, procureur-général près la Cour de Cass.

[2] Allusion à ces paroles de M. Toullier « PLEBEIUS MORIAR SENEX. »

[3] Ajoutez : *restreindre ou limiter.* La maxime ne reconnait de véritable limite qu'une autre maxime. Pour borner la maxime trop générale *fides cuique contra se*, il a fallu ériger en maxime *l'exception : Non auditur perire volens.*

» nérale, on peut conclure avec certitude qu'il ne faut pas » l'étendre à d'autres cas : on peut alors *appliquer* le bro- » card : *Qui dicit de uno.* »

La voilà donc trouvée, la vraie place de l'adage! Ainsi, hâtons-nous de le dire, il n'y a de mal et de vice dans l'adage de droit proprement dit, que quand il n'est pas à sa place; mais la maxime déplacée n'est plus la maxime, elle ne règle plus, elle ne commande plus; c'est le juge jeté hors de sa juridiction : *Extra territorium jus dicenti non paretur.*

Ainsi le joug intellectuel que la fierté de sa raison avait un moment secoué, se rassied après quelques oscillations, et c'est alors sa raison qui vient elle-même le reprendre.

C'est surtout lorsqu'il s'agit de juger, que toute raison supérieure reprend ce joug avec empressement. *Optimus judex qui minimum sibi relinquit.* (Bac. aph. 46.)

A l'homme de bien qui a charge de juger, de prononcer sur autre chose que le fait simple et nu, et qui se reposerait sur une bonne conscience, il faut se hâter de dire avec Vauvenargue : « Prenez-y garde; la conscience est la » plus changeante des règles. »

L'arbitraire de la vertu même a ses dangers. C'est autant à la maxime qu'à la loi que s'appliqueraient les paroles de Bacon : « *Ubi non adest norma legis, omnia pro suspectis habenda sunt* » (Aph. 25). Où vous ne voyez ni loi ni règle, soyez en perpétuelle défiance.

Les travaux des légistes de tous les âges peuvent être regardés comme une sorte de conspiration permanente contre l'arbitraire, puisqu'ils tendent à la recherche et à l'introduction de règles, de maximes dans les matières même qui en paraissent le moins susceptibles.

« Nos anciens jurisconsultes, dit Toullier, pour bannir » une partie de l'arbitraire qui s'attachait à l'interdiction, » avaient établi en principe que personne ne pouvait être » déclaré prodigue, à moins qu'il n'eût aliéné ou dissipé » au moins le tiers de ses biens ; des juges qui n'aimeraient » pas à décider *arbitrairement*, pourraient encore prendre » cette règle pour guide. »

C'est que toute règle est bonne contre l'arbitraire comme toute barrière contre le despotisme.

Un ancien juge aimait à répéter ces belle paroles : « Partout où j'exerce mon ministère, je porte avec moi » les maximes comme équilibre de mon pouvoir. » *Regulæ juris sunt officii mei statera.*

Ces règles, ces adages, que le juge professe, feront le noble office de l'album du préteur romain. On dirait qu'on lit au travers de sa conscience les règles certaines qu'elle s'est posées, *quomodo ipse jus dicturus est.* Il a réduit au plus étroit espace le champ de l'arbitraire ; il a rempli les conditions et l'idée du meilleur des juges aux yeux de Bacon : *minimum reliquit sibi;* autant qu'il était en lui, il n'a rien laissé à l'homme.

La règle-maxime est chère au magistrat à un autre titre encore. Il sait que c'est à elle, à son emploi fréquent que la justice doit de pouvoir payer tous les jours à la société la dette de tous les jours, et de n'être pas insolvable; car c'est l'être que de payer trop tard : *Minùs solvit qui tadiùs.* L'appareil de la science, des traités, des arrêts, ne peut le suivre sur le siége; les maximes le suivent et y montent avec lui. « Sans l'examen de ces grandes règles de droit, » dit d'Aguesseau, l'esprit du juge ne pourrait acquérir » un certain degré de consistance, de repos et de tran-

» quillité si nécessaire pour la solidité, ajoutons, et pour » la promptitude du jugement. »

Si elles n'avaient pas existé, la conscience du juge les aurait trouvées. Mais il n'a point eu à les faire. C'est l'œuvre des générations, et si la société romaine a mieux résumé les expériences de l'humanité, il serait téméraire de dire que telle génération s'est écoulée sans avoir posé son assise ou porté sa pierre à cette pyramide de la civilisation.

Ainsi le juge n'a eu qu'à appliquer à la société, dans le silence des codes, ces lois tacites qu'elle fait, reçoit, promulgue et transmet elle-même. Le jugement basé sur une loi a pu exciter quelquefois des murmures, jamais un jugement motivé sur un adage justement appliqué.

Appliqué! mais c'est là un des attributs de la loi sociale. Nous touchons donc à cette dernière mais haute question: L'obligation de suivre et d'appliquer la maxime est-elle une simple obligation morale ou un devoir rigoureux et parfait; ou autrement, la maxime est-elle loi là où la place est laissée vide par la loi? remplace-t-elle la loi absente? *Legisne vicem obtinet?*

Il importe de rechercher d'abord comment cette question était résolue dans le droit romain.

Un premier texte est invoqué; c'est une loi devenue maxime: *Quod contra rationem juris receptum est non est producendum ad consequentias.* (D. L. 14. de legib.1.3.)

Tous les interprètes s'accordent sur ce point que cette magnifique expression *ratio juris*, la *raison, l'âme de tout le droit,* désigne les adages et les maximes.

On dirait que ce beau texte a inspiré le génie de Bacon, lorsque, dans un aphorisme monté sur le ton de l'ode (aph 11.), il célèbre, il invoque cette raison, mère féconde des maximes, âme du droit commun des hommes, qui porte en son sein tous les cas nés et à naître, et dont les conséquences, loin de se restreindre, demandent incessamment à s'étendre; tandis que tout statut, toute disposition qui la contrarie ou l'offense, tout ce qui est reçu ou s'introduit contre cet esprit général du droit, reste voué à d'étroites limites, à la stérilité, à l'impuissance d'engendrer des cas semblables.

Ratio prolifica, consuetudo sterilis esto nec generet casus. Itaque quod contra rationem juris[1], etc.

Déclarer que tout ce qui est porté ou reçu contre les maximes est exceptionnel et ne doit pas s'étendre, c'est reconnaître qu'ailleurs la maxime est souveraine, et dire, en lui remettant le sceptre du droit commun : « Soyez loi » partout où la loi est absente ou muette. »

Ailleurs, Justinien déclare qu'en disposant il n'entend nullement porter atteinte aux vieilles règles de droit...... *Veteres regulæ, vetustatis jura maneant incorrupta.* (L. 1. c. *de verb. signif.* 6. 58.)

La loi française reconnait aussi la souveraineté subsidiaire de la maxime. C'est ce qui résulte évidemment de l'article 4 du Code civil, qui commande de juger en l'absence même de la loi, combiné avec la loi d'août 1790, qui veut que les jugements soient toujours motivés. C'est avoir consacré la source la plus féconde des motifs, les adages reçus, les maximes laissées intactes par la loi.

Les motifs de la loi sont encore plus formels et plus explicites. « Le pouvoir de juger, dit Portalis, sur l'article 4, » n'est pas toujours dirigé dans son exercice par des pré-

[1] On reconnait là, et à chaque page, dans Blackstone, le faire habituel des Anglais, qui pillent incessamment le droit romain, et ne le citent jamais...

» ceptes formels ; il l'est encore par des *maximes*... Et » ailleurs, à défaut de texte précis, une *maxime reçue tient* » *lieu de loi*... »

La question ainsi résolue par le droit, l'est encore par le fait.

Partout la maxime est traitée à l'égal de la loi.

Celui-là est aussi fondé dans son action qui a pour soi une règle de droit : *Qui regulam juris pro se habet, is certam, claram et fundatam intentionem suam habere dicitur*.....

Je me sens fort, disait Montesquieu, quand j'ai les Romains pour moi ; mais en droit, quiconque n'a pour lui ni un texte de loi ni une maxime, ne pourra ni croire ni faire croire à sa force.

Une loi qui ne fait que proclamer une maxime peut, sans encourir l'accusation de rétroactivité, s'appliquer à des faits antérieurs à sa publication. (Arrêt Cas., ch. civ., 4 mars 1817. Sirey, 1817. 1. p. 214.) C'est que la maxime était loi avant elle !

C'est qu'il faut voir dans ces adages du premier ordre autant de traductions partielles, autant de fragments détachés de cette loi naturelle qui n'a rien à démêler avec le temps, et qui fut promulguée au commencement du monde.

Tel est l'esprit général de la jurisprudence de la Cour suprême, et le seul embarras qu'on éprouve ici est celui de choisir.

Le demandeur, dit l'arrêt du 5 décembre 1827 (Dalloz, 1828. 1) p. 4, est repoussé par la règle *Quem de evictione*, etc. Mais une règle qui repousse aujourd'hui, qui repoussera demain, est une loi en réalité.

L'arrêt du 6 janvier 1829 (Dalloz, 1, p. 95) invoque le brocard, *Frustra probatur*, etc..; celui du 27 mars 1827, l'adage *Actor sequitur*, etc.

Voyez l'arrêt du 11 avril 1821 (Ch. des Req.). Un pourvoi fondé sur la violation de la maxime *Nemo plus juris*, rencontre une cause de rejet dans une autre maxime placée plus près de la cause, « attendu, dit cet arrêt, que la Cour » de... (en maintenant un bail fait par un fol-enchérisseur), a fait une juste application de la maxime *Quæ semel* » *utiliter*, etc. » (D. L. 85, de Reg. jur.)

L'arrêt du 16 février 1833 (Ch. crim.) casse pour violation de la maxime *Non bis in idem.*

Celui du 16 avril 1834. Ch. civ. casse également pour violation de l'axiome *Quod in Favorem alicujus introductum est*, etc.

Les adages : *Ei incumbit onus probandi qui dicit; Factum negantis nulla probatio*, ont reçu plus d'une consécration solennelle. Voyez A. c. de cas. Ch. des Req. 15 février 1822. Ch. civ. 28 novembre 1824, 28 août 1835.

Parmi ces arrêts on remarquera celui que la Chambre des Requêtes, conformément aux belles conclusions de M. le procureur-général, a rendu le 18 juin 1835. Ce pourvoi se fondait sur la violation prétendue de la loi du 19 ventose an II, et la violation des maximes : *Volenti non fit injuria; Consilii non fraudulenti nulla est obligatio* : « attendu, dit l'arrêt, qu'en jugeant ainsi, la Cour n'a » violé ni la loi de ventose ni les *maximes invoquées*, rejette » le pourvoi. »

La belle maxime d'Ulpien *Nihil tam naturale*, etc. (D. L. 35. de Reg. juris) est l'une de celles qui motivent le rejet du pourvoi formé contre un arrêt de la Cour royale de Paris du 25 mars 1834[1].

Ainsi voilà des maximes en dehors de tous les codes et qu'il est aussi dangereux d'enfreindre que de violer les dispositions les plus expresses de nos lois; qui, sans être lois proprement dites, participent à la sanction de toutes les lois; qu'une Cour qui n'est nominalement au moins instituée que pour venger les lois, admet et traite à l'égal des lois, amenée par la première des puissances, la force des choses, à élargir de ses propres mains la base de son institution!

Il y a là quelque chose qui tient d'une anomalie profonde à laquelle nos publicistes ne se sont point assez arrêtés. Quelques voix seulement se sont élevées. La Cour de cassation, disait M. Hello[2] dans un ouvrage qui, publié sous la restauration, a mérité d'être cité sous la Charte de 1830. « La Cour de cassation doit s'abstenir d'annuler un » jugement qui ne méconnait qu'une maxime. »

[1] L'une de nos plus savantes Cours royales, dans un célèbre arrêt en matière de presse (août 1836) s'est fondée sur l'adage : *Odiosa restringenda.*

La doctrine ne diffère pas à cet égard de la jurisprudence; dans l'une comme dans l'autre, la maxime marche l'égale des lois, est traitée comme elles.

M. Toullier, t. 11, p. 23; t. 13, n° 262, la présente comme pouvant être, comme la loi, l'objet d'application, de violation, de *dérogation*, d'*abrogation*, etc. Selon cet auteur, le Code aurait *abrogé* la fameuse maxime : *Semper qui non prohibet pro se intervenire, mandare creditur.* (L. 60, ff. de Reg. juris.)

M. Favard de Langlade, dans son Répertoire, v° Complainte, se pose cette question : Le juge de paix peut-il, dans le cas de l'art. 21 du C. de proc. civ., se dispenser d'appointer et informer, si l'une des parties ne comparait pas? Oui, si c'est le demandeur. Il donne défaut et congé par *application* de la maxime *Actore non probante reus absolvitur.* Si, au contraire, c'est le défendeur qui ne comparaît pas, et si des circonstances de l'affaire ne résulte pas la preuve du trouble, il ne pourrait s'abstenir d'ordonner l'enquête sans *violer* la maxime : *Si judicas cognosce.*

[2] Procureur-général près la Cour de Rennes.

« La violation des maximes qui ne sont fondées que sur » l'usage, dit M. Merlin, ne suffit pas pour opérer la cas- » sation d'un jugement. » (*Répert.* v° Plaider par procureur.)

La force des choses a continué son triomphe.

L'esprit de codification, ce progrès des législations modernes, provoqué par Bentham, ne pourra, tout en hâtant la chute de l'école justinienne proprement dite, que donner une nouvelle impulsion à ce *droit-maxime* qui n'appartient à aucune école, et qui s'enrichit du rapprochement des textes. Réunis ou séparés, les textes, par cela seul qu'ils ne sont que des textes, auront un éternel besoin de la lumière des principes.

Mais toutes ces maximes-lois qui obligent par elles-mêmes et par la sanction qui leur est assurée, où les chercher, où les trouver? Partout; parce que la raison humaine dont elles sont les oracles n'est confinée nulle part. *Ratio non clauditur loco.* Nulle source exclusive ni privilégiée. Le Droit romain, l'École, le Barreau, le Droit public, le Droit coutumier, les Sciences, la Sagesse populaire, tout a porté et portera son tribut au *Droit-maxime*.

Mais il faut se hâter de le dire; la plus abondante, la plus vive de ces sources, c'est le Droit romain. Détestez ses doctrines de droit public jadis armes puissantes contre la féodalité, ses subtilités; mais à lui la gloire d'avoir enrichi le droit moderne d'une foule de maximes impérissables citées par des peuples mêmes qui ont rejeté le droit qui les fournit. Un jurisconsulte d'outre-Rhin, à une série de maximes colligées du Droit romain, donne le titre sublime de *Jus extemporale*, Droit placé au-dessus du temps!

C'est que vaste comme la domination romaine, le génie

des Papinien n'écrivait ni pour un jour ni pour une nation. Le célèbre « *Tu regere imperio* respire dans la majesté de leurs maximes; on dirait qu'une grande domination est nécessaire à l'enfantement du grand et du beau, même en matière de droit privé; que la loi civile ne peut être dictée aux peuples que d'en haut; et le Code civil des Français date aussi de l'ère de leur domination européenne.

C'est à l'aide de ces maximes immortelles du Droit romain ou de règles formées sur ce type, que le Droit coutumier, dans les mains des Loisel, des Coquille, des Dumoulin, des Dargentré, engagea avec le Droit romain une lutte dont il sortit vainqueur; ainsi, pour en triompher, il fallut lui emprunter ses armes les plus acérées.

On sait que le titre *de Regulis juris* est à cet égard un arsenal bien incomplet; il n'en contient qu'un faible nombre mêlées de décisions dépourvues de tout caractère de généralité. « C'est dans l'étude de *tout le Droit romain*, » dit d'Aguesseau, qu'il faut être attentif à remarquer » tout ce qui peut former un axiome ou une règle générale » de droit, soit dans la décision même, soit dans la raison » de la décision. [1] »

Un principe ressort ici, c'est l'égalité des maximes entendues en ce sens, qu'une fois parvenues et admises au rang de maximes, elles règnent toutes au même titre sur les intelligences, quelle que soit leur origine. Ainsi une règle de Loisel au style rude et gaulois[2], aura le droit de

[1] Le Droit romain ainsi étudié, exploité comme le plus riche des anciens droits étrangers, par la philosophie civile, recueillant les expériences des vieilles sociétés, cessera de mériter ce reproche encouru par l'école Justinienne: *detinet atque obruit ingenia melius aliis vacatura.*

[2] N'est-il pas même à regretter que nos anciens jurisconsultes français, trop

se placer, selon l'ordre de l'importance, à côté de la maxime élégante et classique des Paul et des Ulpien; tel dicton, tel brocard a souvent plus servi de fait l'humanité, dicté plus de décisions, que la plus belle maxime de philosophie et de droit.

Mais il est entre les maximes une distinction tout-à-fait indépendante de leur origine. Toutes, on le répète, ne brillent pas d'une lumière propre, de cet éclat de lumière qui a dissipé autour d'elles toutes les ombres et jusqu'à l'idée du dissentiment; plusieurs n'ont qu'une clarté de déduction et d'emprunt; d'autres n'expriment qu'une actualité sociale, ou ne formulent que des prétentions de doctrine plus ou moins admises, ou ne reflètent que la substance ou l'esprit du droit purement positif[2].

Ces maximes d'un ordre secondaire, tout en conservant leur droit à un respect pur de superstition et à une autorité de raison sur le pouvoir *qui reçoit la règle et ne la fait pas*, restent toutefois soumises à la vérification continue de la science. C'est ici seulement qu'est vrai ce qu'on a dit : « La pensée du législateur est souveraine; » elle n'a rien en effet à démêler avec ces maximes secondaires, en

asservis au Droit romain, n'aient pas consacré dans la langue d'*Amiot* un plus grand nombre d'adages?

[1] Ce sont ces maximes secondaires citées par l'abbé Maury et autres, qui sonnaient si mal à l'oreille impatiente de l'assemblée constituante, si prompte à en faire justice en même temps qu'elle rendait tout leur éclat aux maximes d'éternelle justice.

[2] Il en est plusieurs auxquelles s'appliquerait ce qu'on a dit d'une règle déjà citée (Nulle terre sans seigneur). « Qu'est-ce que cette prétendue règle un?
» simple brocard de droit, sans aucune espèce d'authenticité, également contraire
» et à la loi naturelle et aux monuments de l'histoire..., reçu par tradition,
» adopté sur parole, et dans tous les temps combattu par les hommes les plus
» éclairés. » (Répert., v° Enclave, Henrion.) *Conculcanda sunt et parvi facienda...*, Voy. B., aph. 27.

ce sens qu'elle ne peut être arrêtée par elles dans son noble essor vers le mieux ; mais cette pensée, toute souveraine qu'elle soit, est condamnée comme la science à l'examen perpétuel de leur légitimité; car son silence est un arrêt qui les maintient et les fortifie [1].

Tous les adages ont droit à une attention sérieuse. Tous les dictons politiques, dit madame de Staël, méritent la peine d'être combattus ou discutés.

Mais il est rare que les seules armes de la logique suffisent pour les combattre et les vaincre.

En matière d'axiomes, il faut le concours du temps pour faire et défaire. Les maximes s'usent et ne se brisent pas.

C'est qu'elles ne sont plus de simples produits intellectuels, mais des faits sociaux, souvent des institutions.

[1] Cette force, cette valeur plus ou moins absolue que l'adage même secondaire tire, en droit civil, du silence de la loi, de cet accord tacite et de tous les jours qui fait qu'on l'enseigne, qu'on l'invoque, qu'on l'applique sous les yeux mêmes de la loi, cette sanction virtuelle manque aux adages de l'ordre purement scientifique, moral ou politique, et à qui le droit n'a point encore ouvert ses portes.

Mais leur seule nature, le seul titre d'adage révèle une réelle importance; aucun n'est à mépriser, parce qu'il n'en est aucun qui n'exerce une haute influence sur les esprits.

Si les hautes et utiles vérités, si les préceptes d'une morale publique digne et élevée aspirent à la consécration de l'adage, l'erreur affecte les mêmes tendances, les mêmes prétentions, et se hâte de revêtir les formes persistantes de la maxime.

Il n'est point de secte, qui n'ait sa devise, son axiome son drapeau intellectuel.

C'est ainsi que le fanatisme a trop souvent allumé ses torches à cet adage, qu'*il faut mieux obéir à Dieu qu'aux hommes*.

Retranchée dans l'axiome, l'erreur brave longtemps les efforts de la raison humaine; et si une fois, à la faveur des formes adagiques, elle s'est accréditée dans l'esprit des hommes, vous pouvez bien vous dire (pour répéter les belles paroles de M. Servan) que le génie de l'abus en épuisera bientôt toutes les conséquences. Ruiné par la raison, il se survit longtemps à lui-même; et l'on peut dire aussi que les mauvaises maximes règnent après leur mort.

Vivaces, leurs racines plongent, rencontrent celles de l'état social, et s'enlacent avec elles; il faudrait bouleverser le sol; mais la main sage du temps procède sans secousse. Il y a déchéance de la maxime plutôt qu'abolition; elle perd l'autorité et non l'existence. Son ombre qui s'attache à des formules consacrées, conserve sa place dans les classifications. Un salut de respect l'attend au passage dans l'esprit, et l'on dit de chacune : « Cette maxime a » régi la vie civile; elle exprime l'état social de l'époque. » » *Sonat adhùc imperium.* »

La grande tâche des Dumoulin et des Toullier de tous les âges, est d'élever le système des adages, le *droit-maxime* au niveau du besoin et du progrès social.

Le mouvement en mieux est de l'essence du droit civil; il ne serait plus le droit s'il repoussait ce que la raison et l'expérience ont démontré être meilleur ou plus juste; le juste en présence de ce qui est plus juste ne serait plus le droit.

Cùm æquo æquius invenitur, dit Dumoulin (t. 2, p. 83), *nihil impedit melius constituere.*

« La sagesse du temps, dit Toullier (t. 6. in princ. et » p. 414, 415), fait toujours naître des maximes nou- » velles. Il est devenu nécessaire de soumettre les anciennes » à un nouvel examen, et d'y ajouter les observations que » l'expérience et les changements survenus peuvent sug- » gérer. »

Sapientissima enim res tempus, et novorum casuum quotidiè auctor et inventor. Bac. aph. 32.

Il faut que le droit-maxime, fidèle atmosphère du monde civil, le suive et l'environne dans tous les mouvements que lui imprime la main sage des temps. Il le peut par l'emploi distinct ou combiné des deux moyens que M. Toullier indique si bien : agrandir la sphère d'activité des adages anciens, l'étendre aux cas divers que le temps enfante ou rencontre en sa route, élaborer, consacrer les maximes nouvelles surgies des besoins nouveaux.

Il importe d'interroger d'abord les anciennes maximes, d'en sonder les profondeurs. Elles n'ont pu servir si bien et si longtemps l'humanité, sans qu'elles contiennent des germes de progrès qu'il s'agit de dégager et de faire éclore. Montrer qu'elles peuvent, en plusieurs points, satisfaire les exigences de la société moderne, c'est ajouter à cette juste vénération qui les entoure et qui est un des plus puissants moyens d'ordre social. C'est fonder la religion des adages.

Tels les Dumoulin et les Loyseau dont le génie sut retremper les anciennes maximes dans une foule d'applications nouvelles ; l'un surtout dans son Traité des Fiefs, l'autre dans celui des Offices, ont su trouver au sein de ces maximes, filles immortelles d'une civilisation morte, des règles applicables à des états nouveaux, à une civilisation vivante.

Quelques modernes ont marché sur ces traces glorieuses. Ces grands hommes ont senti combien il importait de rattacher ainsi à la sagesse antique la sagesse moderne, et de montrer qu'il n'y a pas de solution de continuité dans la marche de la raison sociale. Isoler le progrès d'aujourd'hui serait le mal comprendre et le mal servir. Le grand Bacon était frappé de l'importance de cette continuité en matière de législation et de droit, quand il s'écriait : « *Certè solemne est antiquitatem præsentibus aspergere*. (Bac., aph. 65.) Rien n'est plus solennel que de

» verser sur les choses présentes quelques gouttes d'une » vénérable antiquité. »

Le tableau des anciennes maximes que le droit moderne a modifiées ou abolies, des nouvelles qu'il a introduites, serait une œuvre utile et grande[1].

M. Hello, déjà cité, appelle l'attention sur plusieurs maximes anciennes qui ont pris dans le droit moderne un sens nouveau.

Par exemple, pour l'ancien régime, la maxime *Le roi ne meurt jamais,* signifiait seulement *Le trône ne vaque pas.* Les rois ne la portaient pas jusque dans la direction des affaires, témoin la révocation de l'édit de Nantes; aujourd'hui elle consacre l'immortalité politique de la personne même et la continuité de l'être moral et politique.

L'adage *Qui mandat, ipse fecisse videtur,* appliqué au système représentatif, prendrait une nouvelle vie, une nouvelle consécration.

Toutefois cette application si souvent heureuse des anciennes maximes à un nouvel ordre d'idées ne pouvait suffire, et le cadre des anciens adages rester le même pendant que la société élargie le débordait de toutes parts. Les variations, les progrès du droit public, du droit privé, des sciences qui s'y rattachent et qui vont augmentant sans cesse les vérités de détail ne pouvaient y être représentés. De là ces maximes gravées d'âge en âge sur les tables de la science à côté des maximes de Rome, ou par la main de l'expérience, ou sous la dictée d'une raison forte par les grands jurisconsultes qui ont brillé tour à tour

[1] *Dignus est qui maximis ingeniis et prudentissimis jurisconsultis committatur.* (BAC., Aph. 8.)

dans la carrière du droit, et qui ont successivement bien mérité de la science sociale.

La formation des maximes réclamées par le progrès social demanderait le génie de Dumoulin: ce serait la matière d'un traité dont le germe est contenu dans un chapitre de Tulden, intitulé: *Modus colligendi regulas*.

Il s'agirait d'enchaîner à des formules dignes des siècles les notions d'ordre supérieur, de droit public ou privé, mûries par la raison publique, riches d'application, destinées à éclairer la législation, le plus souvent à lui survivre; des énoncés au sens vaste, beaux de profondeur et quelquefois d'expression, dignes aussi quelquefois d'être mis en parallèle avec ces belles sentences philosophiques dont parle Sénèque (Epist. 4, p. 7). « Paroles magnifiques, » dit le philosophe, élancées de l'âme, toujours prêtes à se » transformer en œuvres, à se traduire en belles actions [1]. »

Magnificas voces et animosas quæ mox in rem transferantur, ut quæ fuerunt verba sint opera.

[1] L'institution de la maxime exigera toutes les forces de la pensée, toutes les ressources du style.

Poursuivre et atteindre à travers les idées de détail la vérité générale appelée à régner sur tout le droit ou sur de notables et diverses parties du droit, *quæ per materias legis diversas percurrat*, c'est beaucoup, sans doute, mais ce n'est là encore que *l'élément métaphysique*.

C'est au *style*, c'est à *l'énonciation* à compléter ses conditions de vie et d'avenir, à la préciser en élaguant tout ce qui n'est pas elle, à l'étendre et à la circonscrire à la fois, à lui marquer des limites sans nuire à sa portée, à trouver, à fixer en un mot la formule énergique et concise à qui elle devra ce relief qui la détachera pour toujours de ce fonds vague des vérités purement spéculatives pour la rapprocher des affaires humaines, et de pouvoir en quelque sorte se faire *œuvre* elle-même, *verba propè opera*; règle vivante et animée des actions civiles, toujours prête à répondre à qui l'interroge et l'invoque. L'art si difficile de formuler arrêtera les termes, ou plutôt les insignes sous lesquels elle doit se

De nouvelles sources, des sources jaillissantes se sont ouvertes et s'ouvriront : la tribune, les relations des grands pouvoirs entre eux, la presse périodique, la science économique, etc.

L'airain des langues mortes brave les âges et use le temps. Les adages latins sont acquis à la société humaine. Ils ne peuvent ni périr ni s'altérer, à moins que le génie des intérêts matériels ne proscrive ou ne fasse dédaigner des études déclarées stériles, et ne parvienne à rompre comme improductif ou à laisser tomber vermoulu ce pont de communication avec l'antiquité savante; comme si la langue d'un peuple n'était pas, même sous les rapports de l'industrie, le meilleur de ses instruments intellectuels,

produire, se faire reconnaître, en inscrivant pour ainsi dire sur soi. Sont une partie de ce qu'elle renferme en son sein : *fronte promittens quod habet in recessu.* (Quintil.)

Bacon résume ces qualités de l'expression (Aph. 82) en disant que la maxime de droit doit être :

Brevi et solido verborum complexu enuntiata.

C'est au style et à ses heureux artifices à ramener la maxime naissante à son expression la plus ferme, la plus incisive, la plus puissante, c'est-à-dire la plus simple, la plus brève. L'ellipse si précieuse aux sciences morales sera ici d'un grand secours; l'ellipse si familière aux grands penseurs, qui, comme les Tacite, les Larochefoucauld, les Montesquieu, ont su imprimer à leur langue la précision et la concision sans lesquelles on ne peut, disait l'illustre Garat, ni saisir, ni embrasser, ni aimer la vérité, ajoutons ni en faire l'instrument usuel de la pensée et des affaires humaines.

On conçoit que la fidélité au texte, à la vieille formule de l'adage, est l'un des éléments de son autorité, autorité dont l'antiquité est souvent la patronne. C'est un devoir de ne jamais rien changer, quand on l'invoque ou qu'on l'applique, aux termes consacrés à l'émettre. Ce sont aussi ces lois antiques dont Bacon a dit (Aph. 62) : *verba praeeis et textum retincto.* On regrette de voir les Pothier, les Toullier, etc., les citer souvent de mémoire, et se montrer peu scrupuleux de reproduire la même maxime dans les mêmes termes.

et qu'une langue dérivée pût être isolée de la langue dont elle dérive !

N'outrons pas les conséquences; sans doute la langue latine traduirait mal les exigences de la civilisation moderne; mais arrêtons-nous à cette conséquence légitime qu'il faut :

1° Éclairer, épurer sans cesse le système des maximes secondaires en y portant le flambeau des maximes transcendantes et primitives; rétablir la pureté et l'unité des textes; fixer les formules flottantes; les réduire à une seule pour chaque adage, en supprimant ou réduisant les variantes; faire naître ou favoriser la tendance à éloigner de la science les maximes redondantes ou vaines, celles que les exceptions envahissent, dépassent et neutralisent; enfin les maximes qui, de leur nature, prêtent à des sens divers, qui ont allumé des controverses non éteintes, et qui font ainsi faute à leur destination, qui est d'y mettre un terme.

2° Vivifier, si le sens n'y répugne, les adages latins par de nouvelles et justes applications; étendre leur portée en y ralliant le plus d'idées possible, en les rendant les signes et en quelque sorte les drapeaux de nouvelles combinaisons.

3° S'assurer si la science, attentive à l'idée de d'Aguesseau, a exprimé des textes ou de leurs motifs toutes les règles générales cachées dans leur sein.

Ce n'est pas assez, dit aussi Bacon (aph. 82) de recueillir les règles connues, les règles vulgaires; il en est de plus subtiles, de plus secrètes que la réflexion ferait sortir, comme autant de sons harmoniques, des lois mises en contact, de la jurisprudence comparée. Quelques-uns retentiraient dans tout le droit... *Colligendæ autem sunt regulæ non tantùm notæ et vulgatæ, sed et aliæ magis subtiles et reconditæ quæ ex legum et rerum judicatarum harmoniâ extrahi possint.*

4° Compléter enfin le cadre du *droit-maxime* en y introduisant des principes bien formulés, pleins de sens et d'avenir, frappés au vrai coin social, et faits pour enlever et retenir tous les assentiments. Ainsi c'est la maxime, c'est l'instrument par excellence de la durée intellectuelle, qui vient se mettre au service du progrès; loin d'en arrêter ou retarder l'essor, elle le formule, elle le consacre, elle le fixe. Le progrès, en effet, si on le sépare de la condition de durée, n'est plus le progrès [1].

Il resterait, pour achever de tracer l'esquisse de ces hautes théories, à mettre la maxime en présence des cas qu'elle régit ou voudrait régir, à signaler ses inconvénients réels, ses abus fréquents, et aussi les moyens dont l'emploi intelligent restreint les uns, prévient ou neutralise les autres.

Au rang de ces moyens, et en première ligne, se placerait cette logique d'application qui embrasse les règles des règles, *Regulæ regularum* [2]. La vraie cause du discrédit des

[1] Ainsi, les maximes seraient appelées à concilier un jour ces deux nécessités également sincères : le principe de stabilité et celui de progrès; la stabilité, base essentielle de ce culte des lois, de ces sentiments d'amour et de vénération que consacre à la loi du pays tout peuple qui comprend la liberté; le progrès, autre religion des sociétés civiles, dont un publiciste a formulé le premier dogme en disant : « *Un ouvrage de main d'homme a besoin de rester ouvert au pro- » grès de sa raison et de son expérience.* » Tandis que la maxime, dont la force s'accroît par le temps, consolide d'un côté tout ce qui doit rester consolidé, elle s'applique de l'autre à élaborer, organiser, introduire les progrès sous les formes et avec les conditions les plus favorables à la durée, à la *stabilité*.

[2] *Tanquàm leges legum.* (Bac.) Cette théorie a été essayée.

maximes dans quelques esprits est en dehors des maximes; c'est l'application qui s'égare à la suite d'une mauvaise appréciation de faits; et l'on peut détourner sur la maxime ce qu'Adrien Duport a dit de la loi pénale : « L'esprit doit » multiplier les précautions dans l'application si souvent » incertaine de la maxime générale à un fait particulier »; jusqu'à ce qu'il apparaisse clairement que ce fait particulier appartient à l'ordre des faits d'où la maxime est sortie et qu'elle est appelée à régler, la maxime ne commande pas encore; elle est seulement admise au conseil : « *In consi-* » *lium adhibetur, non utique jubet.* » (Bac., Aph. 31.)

Puis viendrait la connaissance particulière de la règle. Celle-ci serait, selon Tulden, obtenue par l'emploi éclairé de deux méthodes. *Illustrandi regulas modi duo : 1° ipsâ earum dispositione alias ex aliis derivando; 2° exemplorum lumine*[1].

Disposer les maximes de manière à montrer comment elles dérivent l'une de l'autre, ce serait procéder à leur classification naturelle, œuvre de la plus haute intelligence.

La lumière des exemples ! c'est le caractère essentiel des monologies ou explications individuelles des maximes par leur histoire, leurs diverses applications, leurs limites, leurs parentés[2], etc. C'est au travail des monologies (et la science en compte plusieurs) à préparer celui des classifications, dernier but de la science. Les maximes seraient éclairées, en quelque sorte cautionnées l'une par l'autre[3].

[1] Ce double travail a été tenté.

[2] *Adjiciantur exempla et decisiones casuum maximè luculentæ ad explicationem; distinctiones et exceptiones ad limitationem; cognata ad ampliationem ejusdem regulæ.* (Bac., Aph. 81.)

[3] *Alteræ alteris in subsidiis sint.* (Bac., Aph. 18.)

Pour l'axiome, les premiers titres de légitimité sont ceux de la filiation, et on dirait que la maxime n'est bien qu'en famille. L'abus est plus difficile, les conflits plus rares, et l'on pourrait leur appliquer ce qu'un philosophe a dit des maximes au moral : « *Trop faible pour rapprocher ces maxi-* » *mes éparses, nous les opposons les unes aux autres*[1]. »

Messieurs, ce sujet a plus d'un rapport réel avec la solennité de ce jour. L'ordre en France ne peut oublier ces belles paroles d'un de ses plus illustres bâtonniers : Le *Barreau ne fera faute à aucun droit*. N'est-ce pas recommander ces maximes dont il n'est aucune, sans en excepter la plus humble, qui ne serve d'asile et d'appui à quelque droit? Les maximes ne sont-elles pas encore un des liens de la Magistrature et du Barreau? Invoquée ou combattue par l'avocat, adoptée ou rejetée par le juge, ces discussions de tous les jours ne profitent-elles pas à la maxime? Oui sans doute, et vous ne récuserez pas l'imposant témoignage de Dumoulin. Après le Droit romain, c'est au palais que le système des maximes a le plus d'obligations. La jurisprudence, c'est-à-dire le concours solidaire, éclairé, incessant de la Magistrature et du Barreau, a introduit, fixé et vivifié plus de maximes que toute l'école et que toutes les doctrines. « *Non e scholis, sed e palatiis rebusque gerendis* » *ortæ sunt leges (illæ); non e solo umbratili studio.* » La maxime naît rarement à l'ombre, mais du frottement et dans le feu des affaires humaines.

Partout où celles-ci s'agitent et se débattent, sa place est marquée; et si le pédantisme, le luxe indigent des ci-

[1] Cette œuvre est difficile, mais non impossible... *Turpiter desperatur quidquid fieri potest.*

tations vaines, inopportunes ou fausses, fatigue, appauvrit et compromet la cause, que ne doit-elle pas à la maxime forte d'à-propos et de justesse, qui, appelée par le sujet même, évoquée par un besoin sincère, semble venir, comme une sainte apparition, dissiper les ombres et couvrir de lumière ce qui paraissait voué à d'invincibles obscurités? Honneur à l'avocat qui sait à propos s'effacer lui-même et laisser parler à sa place la sagesse des siècles par la voix des maximes[1]! il a surpris l'un des secrets, saisi l'un des plus sûrs éléments de la force; témoin celui de nos orateurs modernes qui comprit et enseigna le mieux le pouvoir de l'antique adage mis à sa place[2], qui se plaît à en tirer les plus beaux arguments et les ressources les plus inattendues; car la maxime n'est pas ingrate, et, comme un sol inépuisable, rend selon les mains qui la cultivent. Il semble qu'on pourrait dire aussi : « tant vaut l'homme, » tant vaut l'adage. »

[1] *Sententiis velut testimoniis quæ proposuère confirment.* (QUINT., lib. 1, cap. 8.)

Nam et plus auctoritatis afferunt ea quæ non præsentis gratiâ litis sunt comparata, et laudem sæpè majorem quàm si nostra sint conciliant (QUINT., lib. 2, cap. 7.)

[2] On reconnaîtra M. Dupin aîné qui (pour se borner à peu de citations), dans ses plaidoiries si courageuses et si françaises pour Marinet, pour le digne et savant Isambert, pour le *Journal des Débats*, et plus tard dans ses belles conclusions sur l'affaire de la citadelle de Blaye, dans son réquisitoire dans l'affaire Raspail, dans son réquisitoire sur l'affaire de la commune de Paris (5 avril 1836), etc., fait apparaître et briller de tout l'éclat d'une nouvelle et puissante application les adages : IS FECIT CUI PRODEST; RES PERIT DOMINO; IN TOTO JURE GENERI, etc.; MELIUS EST INTACTA JURA SERVARE; CESSANTE RATIONE LEGIS, CESSARE QUOQUE DEBET EJUS DISPOSITIO; LEGEM POTUIT APERTIUS DICERE, etc. Tout en se servant si bien du vieil adage, on dirait qu'il songe à doter le droit politique de ceux qui lui manquent, quand il fait retentir le barreau et la tribune de ces principes, si fortement formulés, si dignes d'être recueillis comme adages: POINT DE LOIS, POINT D'IMPÔTS. JUSTICE ET POLITIQUE SONT DEUX, etc.

Nous avons vu que le magistrat, avec non moins de force, était entraîné par sa conscience même au culte des maximes. Le jour où le juge, aspirant à une funeste émancipation, traverserait les maximes, sourd à la voix qui s'élève sans cesse de leur sein, serait un jour de deuil. Sans doute les Jefferies souriaient de pitié sur leurs siéges quand l'avocat les invoquait et plaçait son client sous leur égide; mais le magistrat, en l'absence ou l'éclipse de la loi, les appelle, leur prête l'oreille, les accueille avec respect; pour lui la maxime n'est jamais une abstraction solitaire, inanimée; elle vit et s'avance à travers les âges, escortée de souvenirs et de l'ombre de ces grands hommes par qui elle fut introduite, invoquée, restreinte, agrandie. C'est sous ces traits et dans ce saint appareil qu'elle s'offre à la conscience du juge qui s'empresse de la faire monter sur le siége vacant de la loi.

Un devoir commun nous est imposé, messieurs. S'il faut poursuivre à outrance ces adages machiavéliques et pervers dont on a dit : « *J'aime mieux une mauvaise action* » *qu'une mauvaise maxime;* » il est digne de nous, messieurs, prêtres de la justice, ennemis nés de l'arbitraire, de jurer foi et hommage à ces adages de haute portée que recommandent de longs services rendus aux hommes, qui retentissent tous les jours au barreau pour y recevoir tous les jours le même accueil, et que la raison, d'accord avec le temps, semble avoir disposés, d'espace en espace, non comme des bornes, mais comme autant de phares riches de lumière sur la route progressive de l'humanité.

PREMIER LIVRE.

THÉORIE ET LOGIQUE

DES

RÈGLES-MAXIMES EN DROIT.

CHAPITRE PREMIER.

Caractères de la règle de droit, maxime, adage, axiome et synonymie.

Il s'en faut bien que ces mots : règle de droit, maxime, etc., réveillent la même idée dans tous les esprits.

Aux regards de Bacon, c'est l'idée, la proposition générale qui plane sur le droit entier ou une partie notable du droit; telle la règle *in toto jure generi per speciem derogatur.* (L. 80, ff. de reg. jur.)

Bien entendu que cette idée se rabaisse, en passant par l'esprit des compilateurs. Le caractère de la règle n'est plus l'élévation; la généralité de l'idée constitutive, c'est la *fréquence* de son emploi, et l'on vit des dispositions usuelles usurper le rang des maximes, au titre *De reg. jur.*, au digeste...

Qui in servitute est usucapere non potest. (L. 118, ff. de reg. jur.) Entraîné par l'exemple de Tribonien, le judicieux Pothier lui-même accumule dans le titre correspondant de ses Pandectes une foule deprétendues règles dépourvues du caractère essentiel de la règle-maxime, l'étendue, la fécondité.

Sans ces conditions, une règle n'est jamais, malgré son importance, qu'un article de code. Bacon, (Aph. 85) s'élève avec force contre cette confusion. « *Singula juris scita aut placita non » intelliguntur pro regulis, ut fieri solet satis imperitè; hoc enim si » reciperetur, quot leges tot regulæ... Verùm eas pro regulis » habeto quæ in formâ ipsâ justitiæ hærent... quæ per materias » legis diversas percurrunt.* »

Les règles, toutefois, ne sont pas toutes au même degré sur cette échelle d'abstraction et de généralité. Il y a des propositions importantes quoique moins générales, et qui ont mérité de prendre rang parmi les maximes, quand elles se recommandent par la précision de la pensée, la concision du style, le bonheur de l'expression; tel, par exemple, cet adage : *Nemini res sua servit*, dont l'éclat se reflète sur toute la matière, et montre le droit de servitude incompatible avec celui de propriété.

D'autres règles, quoique circonscrites et bornées en apparence à un objet particulier, doivent à leur influence sur les destins de la société, et obtiennent dans l'esprit des hommes un rang élevé sur le tableau des règles de droit :

Domus cuique tutissimum refugium... (L. 18, D. de in jur. voc.) Tels encore et par les mêmes raisons, les maximes et les dictons politiques. C'est ainsi que la reconnaissance populaire plaçait dans l'Olympe, à côté des dieux mêmes, les héros qui avaient bien mérité des hommes.

Mais ici moins d'écart qu'on le croirait du type de la règle de droit ; l'importance couvre une généralité réelle, et l'on voit ces règles engendrer une foule de dispositions particulières.

Le caractère essentiel de la règle ainsi marqué et reconnu, il devient facile d'établir la synonymie de cette partie de la langue du droit.

La *règle* diffère de la loi ou de la *disposition* qui n'est que cette partie de la loi qui précise et énonce ses volontés.

Régir est l'idée commune; mais la règle dirige parce qu'elle expose, éclaire, enseigne; la loi, parce qu'elle veut et commande; *est regula imperans*. (Bacon.)

La loi consacre la règle générale; elle crée la règle particulière. Dantoine assigne ainsi la différence qui existe entre la règle et la loi. « Chaque loi a son office borné; cet office con-
» siste à décider uniquement et spécifiquement la difficulté
» qu'on y propose, et rien de plus. Il n'en est pas de même de
» la règle; elle n'a point de bornes. Son office est de termi-
» ner *plusieurs difficultés* par *une seule* décision; d'où il s'en-
» suit que toutes les règles sont *des lois*; mais que toutes les
» *règles* ne sont pas *des* lois. »

François Hofmann a recours à une ingénieuse image pour caractériser cette différence. Les lois ne seraient que des sons, des voix isolées; c'est dans la règle que résideraient et l'harmonie et le concert: « *Leges esse tanquam voces et sonos singulos; regu-*
» *lam verò esse tanquam harmoniam et concertum.* »

Le *principe* plane aussi sur un ordre de faits ou d'idées; il sert aussi à vérifier des propositions moins générales; mais il n'a encore ni le poids, ni la sanction de la maxime; il aura besoin qu'on le démontre, s'il n'est évident par lui-même. C'est la médaille frappée déjà au coin de la science, mais attendant le privilége d'avoir cours de monnaie. Plus tard, il devra peut-être à la fréquence de ses applications, aux formes arrêtées sous lesquelles il se reproduira, d'être enfin respecté par la controverse, et d'être cité comme règle ou maxime de droit; l'économie politique a, par exemple, beaucoup de principes, mais n'a encore que peu de maximes.

L'apophthegme est le principe ou la pensée élevée déjà accréditée parmi les hommes et introduite sous les auspices d'un grand nom... tels les apophthegmes tirés de Plutarque

L'aphorisme entraîne par son grand sens, abstraction faite de son auteur. Toutes les règles de droit n'ont pas la dignité de l'aphorisme.

L'axiome en droit est la règle portée à ce degré de généralité et d'évidence qui semble la destiner à démontrer une foule de vérités secondaires.

In eo quod plus sit semper inest et minus. (L. 11, ff. de reg. jur.)

La *maxime* de droit est la règle générale qu'un long assentiment des hommes a consacrée et élevée à une telle hauteur d'autorité, qu'il suffit qu'elle soit invoquée à propos pour que nul n'en récuse l'application. Telle la règle : « *Nul ne doit s'enrichir* » *aux dépens du droit d'autrui.* »

Avec moins de solennité le proverbe (*probatum verbum*), en droit, dépositaire de l'expérience des âges, semble donner bien plutôt un avertissement que poser une règle d'application : « *Malè parta malè dilabuntur* (Barbosa); *Il y a plus de fols ache-* » *teurs que de fols vendeurs.* » Plus d'attention à l'avis sage présenté par ce proverbe aurait, en restreignant ou supprimant les cas de lésion entre majeurs, ébranlé moins souvent la foi des transactions humaines.

La *sentence* est d'un grand poids en morale, c'est un précepte qui doit à la concision des termes qui l'énoncent et l'ont consacré, de se graver profondément dans l'esprit des hommes, et à son importance de commander le respect de tous.

Ipsa quæ præcipiuntur per se multùm habent ponderis... si in sententiam coarctata sunt, sicut illa catoniana : Quod non opus est esse carum, tempori parce, etc.

L'*adage* (*ad agendum*) appartient surtout à la science du droit : c'est une règle appropriée à la pratique immédiate, et qu'un besoin de tous les jours semble avoir placée sur le chemin des affaires humaines qui en réclament incessamment l'application. *De his quæ non sunt et quæ non apparent idem est judi-*

cium. Quelquefois c'est une règle particulière : *Jamais mari ne paya douaire.* (Loysel.)

Le droit commun en matière de douaire est si constant, dit M. Merlin (quest. de droit, hoc v°), que nos anciens praticiens l'avaient réduit en *adage.* Ainsi l'adage peut n'être quelquefois qu'une règle particulière bien constante et d'une fréquente application.

Toutes les fois qu'il s'agira plutôt de l'idée commune que de l'idée différentielle, nous nous servirons indifféremment de ces termes : maximes, règle-maxime, axiome, adage.

Le *dicton* est la maxime ou la règle admise et répétée souvent sans examen. C'est une monnaie qui circule sans que le titre en ait été vérifié. Tel le dicton populaire : « Où il n'y a rien, le roi » perd ses droits. »

Le *brocard* est la règle de droit qu'une sorte d'abus de la pratique a rendue triviale, et qu'il n'y a plus de mérite à invoquer. C'est une règle de praticien souvent fautive. Voy. Toullier, t. 5, n° 196, note. Exemple : *Défaut vaut contestation.* Voy. Répert., v° *Enclave.*

Il est dû et au dicton et au brocard d'autant plus d'attention qu'ils sont plus à l'usage du vulgaire, qu'ils agissent sur un plus grand nombre d'esprits, et que c'est une forme que le préjugé et l'erreur aiment à revêtir. Le grand Cujas, amant fanatique du droit romain, a trop maltraité le brocard quand il a dit : « *hæc* » *magìs quàm jus ipsum spectant studiosi quæ interpretes vocant* » *brocardia, non minùs nomine quàm usu barbaro jus civile de-* » *formantia.* » Les brocards ont le double mérite d'être d'origine nationale, de servir de règle provisoire; les esprits supérieurs savent les rajeunir et en faire bon usage.

CHAPITRE II.

Autorité de fait de la Règle-Maxime ; sa nécessité, conséquence.

On ajoutera peu de choses aux développements que présente à cet égard le discours préliminaire.

C'est le vrai point de départ de la science, que cette autorité innée de la maxime, de l'adage sur l'esprit humain, considérée comme un fait irrécusable, qu'il faut avant tout reconnaître, constater, proclamer. Les conséquences se déduiront d'elles-mêmes.

Rien ne serait plus facile que d'accumuler ici les citations. Le jurisconsulte, soit qu'il écrive, soit qu'il plaide, soit qu'il juge, rencontre partout la maxime. Il la fonde ou la commente, la combat ou l'affermit, la restreint ou l'étend, l'invoque ou l'applique. A son apparition l'esprit tressaille et se tourne du côté où elle apparaît ; où elle n'est pas, quelque chose manque, et l'esprit inquiet cherche souvent, même en appliquant la loi, la règle-maxime d'où elle émane ou à laquelle elle se rattache.

C'est qu'ici l'esprit humain, comme on l'a déjà vu, se courbe sous d'irrésistibles nécessités. Dans les sciences dont le destin est de suivre la société dans sa marche comme une sorte d'atmosphère, dont l'application est forcée et de tous les moments, il n'y a de salut que dans la synthèse, et l'emploi de ses plus puissants organes, les maximes. Dans les variations subites des types, des mesures, il y aurait péril, perturbation.

Cet empire inné des maximes en droit, qui se rattache ainsi à des nécessités civiles, à des nécessités intellectuelles, est donc un fait primitif, partant une loi de notre nature. De tels faits entraînent le droit ; de telles puissances emportent légitimité ; car tout ce qui est nécessaire est légitime.

On cessera d'être étonné de notre insistance sur des vérités élémentaires et d'évidence, quand on se rappellera que d'excellents esprits, frappés de cette idée vraie que, dans d'autres sciences, certains axiomes ont retardé ou égaré la marche de l'esprit humain, ont généralisé cette réprobation et l'ont étendue aux sciences du droit.

Une autre considération obligeait à bien établir ces nécessités. Il fallait ôter jusqu'à la pensée de secouer un joug que la force des choses et la nature de la science du droit nous ont imposé. L'esprit humain s'épuiserait en vains efforts pour atteindre un progrès trompeur, il faut qu'il porte ses forces sur ce qui est faisable, et qu'il se résigne à approfondir, améliorer ce qu'il est impossible de supprimer. C'est à cette conclusion qu'il importait d'arriver; c'est une des lois les plus générales de l'ordre moral que celle qui nous oblige à utiliser ce qu'on ne peut détruire; dans l'ordre intellectuel, il faut savoir faire aussi *de nécessité vertu.*

CHAPITRE III.

Sources et origines des Règles-Maximes.

Le droit romain sera toujours, pour les nations d'origine latine, la source la plus abondante des maximes et adages de droit.

Remarquons qu'il ne s'agit ni de ses subtilités, ni de ses doctrines d'absolutisme; mais de ces notions trancendantes qui se détachent du droit romain au profit de tous les droits; de ces hautes propositions que recommandent un sens vaste, une propriété et une énergie de style dignes du sens qu'elles renferment; de ces énoncés généraux qui brillent d'un éclat qui ne peut s'affaiblir, et qui tombent de droit, pour n'en plus sortir, dans le trésor de la raison sociale.

Honneur éternel à la législation qui les a fournies, qui en a doté la société humaine! Le droit romain était appelé à la servir longtemps par ses défauts mêmes. Ces subtilités, ces doctrines autocratiques furent longtemps employées par les jurisconsultes patriotes à la répression de la tyrannie féodale et des prétentions de l'église romaine; mais cette double victoire obtenue, ces armes dangereuses devaient être brisées. L'esprit d'examen, réveillé par Luther, aurait dû attaquer un siècle plutôt ces mauvaises doctrines du droit de Rome, ou du moins ébranler cette foi compacte, qui présida si longtemps à son étude : on peut accuser ce droit étranger d'avoir absorbé une trop grande part de l'esprit humain.

Mais le droit s'est approprié depuis longtemps la plupart de ses maximes générales, formules magnifiques, inimitables, de ce droit naturel né pour régir toutes les sociétés. La jurisprudence romaine aime et excelle à généraliser..... On ne peut s'élever plus haut; c'est que nul peuple ne fut, ne sera jamais placé dans des circonstances plus favorables à la culture et aux progrès du droit. Les premiers citoyens lui devaient les prémices de leur génie. Conseiller et défendre ses concitoyens était le noviciat obligé des plus hautes fonctions. L'homme d'état et le jurisconsulte n'étaient qu'un..... L'esprit gagna en portée, le style en élévation et en dignité.....

C'est aux jurisconsultes, forts de l'étude du droit romain, que notre droit coutumier et national doit de s'être élevé à côté du droit romain, pour l'effacer et le remplacer un jour.

« D'Aguesseau y puisa, nous dit son panégyrique, ces prin-

» cipes lumineux, ces grandes maximes qui renferment toutes » les décisions, ou qui y conduisent. »

Mais ces maximes-mères, où les trouver dans cette vaste collection? Partout; elles y sont écrites textuellement, ou elles en sont tirées par voie de rapprochement, de combinaison, de déduction; fournies en un mot par le texte ou par l'esprit du texte, par la décision même ou par le motif qui l'a dictée.

En général si le Code reproduit les maximes du Digeste, il en altère quelquefois le sens, toujours la simplicité, ou tout au moins le style. L'enflure du rhéteur les dépare et les énerve.

La compilation justinienne ayant consacré un titre aux règles de droit, il était naturel de s'attendre à y trouver le plus grand nombre de ces maximes, sinon exposées méthodiquement, au moins réunies. Cette attente a été trompée : écoutons d'Aguesseau :

« Dans l'étude du droit romain, on ne saurait être trop » attentif à remarquer tout ce qui peut former un *axiome* ou » une règle générale de droit, soit dans la décision même, soit » dans la raison de la décision.

» On se mettrait par là en état de faire successivement un » ouvrage qui serait d'une grande utilité. Ce serait le supplé- » ment du titre du Digeste *De diversis regulis juris*, qui a deux » grands défauts : l'un de ne tenir qu'imparfaitement ce qu'il » promet, parce qu'il y manque un grand nombre de règles, » qui y tiendraient aussi bien et peut-être mieux leur place » que celles qui y sont recueillies[1]; et l'autre *de n'avoir aucun* » *ordre;* et c'est ce qui fait que ces règles demeurent beaucoup » moins dans l'esprit que si le jugement encore plus que la mé- » moire aidait à les y conserver. »

L'œuvre conseillée par d'Aguesseau reste encore à faire, même après le beau travail de Pothier (dans ses Pandectes), qui

[1] Sur les deux cent onze lois qui composent ce titre, on compte plus de 40 règles particulières, concernant l'esclavage, les femmes, les mariages, etc.

évidemment s'est plutôt attaché à résumer fidèlement les livres et les titres du Digeste, qu'à rassembler, et coordonner dans un ordre qui leur fût propre, tous les axiomes de texte ou de déduction; c'est le droit romain resserré, plutôt que le système des règles fécondes qui président à ce droit.

Bientôt s'ouvrit une source moins pure de règles-maximes : l'école. Les docteurs, ces esprits de toute portée, qui, depuis la découverte du Digeste, exploitaient la mine du droit romain, durent rencontrer dans le cours de leurs études et de leurs commentaires, des textes, des vérités qui, d'un commun accord, prirent rang parmi les maximes, et devinrent les prémisses incontestées des arguments de l'école.

Les maximes qui dérivent de cette source se reconnaissent à leur énergique concision, mais aussi à une sorte de vernis de scolastique et de semi-barbarie, tel que le moyen-âge ne pourrait les désavouer; quelques-unes portent le cachet de leur auteur; parmi ces dernières brillent les maximes de Dumoulin, moins inspirées par l'esprit de l'école que par une intelligence profonde des affaires et du droit; dans aucune autre main l'arme de l'adage ne fut aussi puissante.

Mais une autre civilisation, bien différente de la civilisation romaine, devait faire naître, sur les points qui constituaient cette différence, un nouvel ordre de maximes; les pays qui n'avaient pas admis le droit romain se trouvaient dans l'heureuse nécessité de chercher et d'adopter des règles assorties à leurs mœurs et à leur civilisation actuelle. De là ces maximes du droit coutumier et féodal : « Le mort *saisit le vif;* Nulle terre sans seigneur, » et autres recueillies par Loysel.

Dans le même temps, le barreau voyait naître dans son sein et autour de lui des maximes enfantées par une longue pratique et le besoin de remplir les vides laissés par de grossières et impuissantes législations. « *Donner et retenir* ne vaut; *Voies de nul-* » *lité* n'ont lieu en France. » « Cette dernière maxime, dit M.

» Merlin (Répert., verbo *Nullité*), doit *son introduction* à l'igno-
» rance de nos praticiens. »

La philosophie et la politique virent aussi quelques-unes de leurs règles, à force d'être citées, s'ériger en axiomes et en adage. « *Pœna ad paucos, metus ad omnes; c'y veut le roi, C'y veut* » *la loi*, etc. »

Enfin la sagesse populaire vint elle-même apporter son tribut, et plusieurs proverbes prirent sur l'esprit des hommes une autorité égale à celle des règles de droit. « Pauvreté n'est pas vice; » Une fois n'est pas coutume. » (Loysel.)

CHAPITRE IV.

Considérations générales sur les règles des règles ou sur les maximes qui se rapportent aux maximes.

Si l'esprit peut recevoir une utile direction dans le choix et l'usage de ces idées-types, de ces hautes formules de la science, de ces maximes si secourables à notre faiblesse, si promptes à accourir au moindre doute, à la moindre hésitation, qui conseillent ou commandent, qui conduisent ou égarent; si, enfin, il est des règles sur les règles, il importe de les rechercher, de les formuler, de les fixer.

D'accord sur l'utilité de la maxime, on signale ses inconvenients, on dénonce ses abus. Le principal objet de ces règles sera donc d'amoindrir l'inconvénient, de réprimer l'abus.

L'inconvénient de la maxime tient à sa nature, l'abus à son application fausse, à son emploi mal entendu.

L'inconvénient a la même source que l'avantage.

C'est d'abord cette tendance naturelle à se rendre absolues, à perdre, à oublier les traces de l'analyse d'où elles sortirent, à se faire regarder presque comme infuses, innées, éternelles; à s'appliquer, sans hésitation, comme autant de lois de l'entendement, à tout ce qui paraît analogue ou subordonné.

C'est là l'inconvénient qu'on peut *appeler métaphysique*, et dont l'effet est d'inspirer à l'esprit une paresseuse sécurité, une confiance trop entière, à étouffer ou endormir cet esprit d'examen qui doit, sinon opérer toujours, du moins toujours veiller, se tenir, l'œil ouvert, près de toute proposition d'une ambitieuse généralité.

L'inconvénient *intrinsèque* ou *réel* tient aussi à la nature de la maxime qui la rend aussi propre à consacrer l'erreur qu'à servir la vérité. Aussi, à côté de la maxime : *Deorum injuriæ diis curæ sint*, on trouvera cet axiome fanatique : *La fin sanctifie les moyens*. C'est que toute idée générale, erronée ou vraie, bonne ou mauvaise, tendra à se produire sous les formes elliptiques et concises de la sentence. Point de privilége à cet égard, ni pour la vérité, ni pour l'ordre social. C'est qu'ici domine une loi d'un ordre bien supérieur, la liberté morale, sans laquelle il n'est pour l'homme ni dignité, ni mérite, ni démérite. L'entendement lui-même est et doit rester au service de la liberté morale, et c'est en vertu de cette loi de notre nature, que les facultés et leurs produits doivent être, avec une sorte d'indifférence, des instruments du bien et du mal.

L'*abus* ne se rapporte qu'à la maxime qui est au fond utile et vraie. On n'abuse que des choses bonnes en soi. C'est la maxime qu'une main inhabile ou méchante fausse dans ses applications et dans ses usages. Tels les pouvoirs nés de la société et pour la société, et qui peuvent s'exercer à son préjudice. Au reste, on ne pourrait abuser de la maxime, si sa nature ne se prêtait en quelque sorte à l'abus.

User bien de la règle, c'est la faire servir à éclairer, connaître, prouver, mesurer, déterminer. C'est la faire intervenir opportunément entre l'esprit qui hésite et la proposition particulière ou moins générale qui cause cette hésitation; c'est soumettre celle-ci au foyer de son évidence, et la mettre dans la position de réfléchir sa lumière.

Chacune de ces applications de la maxime n'est au fond qu'un syllogisme dont la maxime a fourni les prémisses. Si le raisonnement est bon, on a bien usé de la règle; mal, s'il est vicieux. Chaque abus de la règle peut donc être considéré comme un sophisme, un de ces raisonnements défectueux justiciables de la logique. Mais chaque science a la sienne, en ce sens qu'elle fournit pour prémisses des principes tirés d'un ordre d'idées qui lui sont propres. Une division des abus, tirée du sein de ces idées mêmes, sera plus utile que cette première vue générale, et nous réserverons la dénomination d'abus logiques à ceux qui consistent dans le vice des déductions mêmes; il y aura abus de la maxime toutes les fois qu'on se placera, en l'invoquant, en dehors des conditions d'où dépend son autorité; spécialisant, il y aura abus par défaut d'autorité, soit que cette autorité n'existe plus, n'existe pas encore, ou soit mise légitimement en question, quand la maxime est déviée, déplacée, enfin quand la logique est blessée dans le raisonnement qui constitue l'application de la règle. Le développement des diverses maximes sur la maxime fera mieux connaître les abus, et les moyens destinés à les combattre.

Ces maximes nées ou à naître sur les maximes elles-mêmes, se rapporteront principalement à leur domaine essentiel, à leur nature, à leur destination, à leur autorité, aux conditions diverses de cette autorité.

CHAPITRE V.

Maximes sur le domaine des Maximes.

A la tête des maximes de cet ordre se placeront les adages qui circonscrivent le domaine des maximes, qui leur interdisent l'accès de certaines matières, des choses, par exemple, qui gisent uniquement en faits :

In iis quæ in facto, non in jure consistunt.

Sous ce rapport, le terme *droit* pris génériquement, et embrassant tout ce dont le juge doit s'occuper, se divise :

En droit proprement dit, droit formulé, abstrait, nourri de définitions, règles-maximes;

En droit d'équité ou arbitraire, concret, qui s'applique à la connaissance, la discussion du fait particulier et de ses circonstances.

C'est là le fait, la question de fait que la nature des choses soustrait à l'empire et au domaine des règles-maximes.

Ea quæ facti sunt certis regulis juris nequeunt comprehendi. (Calv. v° *Factum.*)

Ce qui ne gît qu'en fait échappe aux règles de droit.

Ainsi l'opposé de la règle, ce sera l'*arbitraire.*

L'arbitraire, est ce que la nature des choses ou la volonté des hommes a ôté à l'empire des règles.

L'*arbitraire* qui a pour principe la volonté humaine, est en dehors de tout droit : *Extra et contra jus.*

L'*arbitraire* de nécessité, qui dérive de la nature des choses, appartient au contraire au droit, dans le sens générique. C'est le droit qui veut que tout ce qui ne peut être décidé par les maximes ou la règle, soit remis à la conscience du juge, à l'arbitraire de l'homme de bien.

Facti quidem quæstio est arbitrio judicantis. (L. 15, ff. ad Munic.)

Quatenus cujusque intersit, in facto, non in jure consistit. (L. 24, ff. de eo quod, interest.)

Quod attinet ad factum relinquitur arbitrio boni viri, diligentiæ judicantis. (Arg. ex l. 3 ff. de testibus et aliis. —Tulden.)

Ainsi, à la solution d'un litige concourent deux puissances: le droit qui renferme la loi et la maxime, et quant à l'élément ou point de fait, la conscience de l'homme de bien.

Celle-ci a été trouvée digne d'être placée à côté de la maxime; c'est qu'elle-même est aussi une règle, une *règle divine.*

La conscience de l'honnête homme instruit et attentif appartient à la justice. Elle est juge né; c'est l'arbitre, c'est le juge, c'est le juré.

Toutefois ce serait une erreur de croire que, dans ces appréciations de fait, la conscience n'éprouve l'influence d'aucune règle, d'aucune maxime.

Dans les pures questions de fait, le fait ne se trouve, il est vrai, en présence d'aucun texte de lois, d'aucune maxime *spéciale* qui puisse en tenir lieu; mais c'est là tout. Il y aurait dans l'ordre universel une lacune accusatrice, si quelque chose au monde était absolument en dehors de toute règle.

Prenons un exemple: que l'on suppose un instant que la taxe du témoin appelé à déposer en justice soit entièrement laissée à l'*arbitrage* du juge, on dira: c'est une question de fait; nulle règle n'a été posée; nulle, si vous le voulez, n'a pu l'être; mais, de ce que nulle règle n'a été posée, conclurez-vous qu'il n'existe aucune règle?

Cette locution: c'est une question de fait, avertit seulement l'esprit qu'à défaut de règle fixe, certaine, spéciale, faite ou possible, il faut remonter à une maxime d'un ordre supérieur; la conscience du juge se mettra elle-même en présence des grandes maximes d'équité : « toute peine mérite un salaire proportion- » né ; nul n'a le droit de disposer gratuitement du temps des » autres ; tout témoin placé dans des circonstances identiques ou » semblables a droit à la même taxe, etc. » Cette taxe sera une application tacite, mais réelle de ces maximes qui l'auront guidé, même à son insu ; c'est en ce sens qu'il faut entendre l'axiome de Barbosa : *Arbitrium regulatur à jure ;* car jugement et absence absolue de toute règle impliquent contradiction.

CHAPITRE VI.

Maximes sur la nature des Maximes. Des Exceptions.

Les maximes sur la nature des maximes comprendraient toutes les considérations générales bien formulées sur la manière dont elles naissent, se forment, se transmettent, s'éclipsent ou se perdent, sur les dangers attachés à leur nature, etc.

Le droit romain nous dit : *Regula est quæ rem quæ est breviter enarrat.* (L. 1, ff de reg. jur.) Cette définition est bien plus obscure que la chose définie.

Quant à moi, dit Hotman, je n'ai encore trouvé personne qui la comprît. L'exposition du fait! Mais c'est l'affaire de l'orateur et des parties ; celle du jurisconsulte, c'est la règle de droit. *Paulus regulam juris ita obscurè definit ut qui sententiam illius intellexerit, neminem adhuc repererim... Facti narratio est oratorum. Reguæ. verò sunt jurisconsultorum pronuntiata.*

S'il ne valait pas mieux analyser que définir, on hasarderait, aidé de Cicéron et de François Hotman, les deux définitions suivantes:

In materiâ juris generali vel diversâ ratæ ac firmæ sententiæ.

In materiâ juris generali vel diversâ, longævâ et diuturnâ jurisconsultorum observatione notata.

Remarquez qu'on retrouve partout comme éléments de perfection de la maxime : *l'antiquité, la continuité d'application, la transmission* : « *Continuo usu retentum et ad nos translatum.* Reconnaissons toutefois que ces éléments peuvent être suppléés plus ou moins par l'intensité et l'universalité de l'assentiment.

Non ex regulâ jus sumatur, sed ex jure quod est regula fiat. (Mêmes lois.)

Que la règle se tire du droit, et non le droit de la règle.

C'est à la classe nombreuse des règles de droit proprement dites que ce principe s'applique, et non à ces maximes transcendantes qui sont l'âme du droit, qui inspirent le droit, le suppléent, lui survivent, qui préexistent au droit comme le droit à la législation.

Mais, ces maximes du premier ordre exceptées, ce principe est de la plus juste et de la plus vaste application; c'est la théorie tout entière; rien de plus conforme à la génération des idées. Les différentes dispositions qui régissent une matière ou plusieurs, comme autant d'idées individuelles, se rapprochent, se resserrent; l'esprit les compare, découvre, saisit, détache, fixe l'idée commune, et la règle est formée.

La règle n'est donc pas le droit, dit Dumoulin (t. 2, p. 551, Paris, 1681), mais elle en est tirée :

Regula juris non est jus, sed ex jure quod est sumitur.

C'est une sorte de contraction du droit, qui le présuppose et ne le remplace pas, ajoute Dumoulin : *Argumentum à regulis juris valet, sed tanquàm compendiosè tractum*..... Au reste leur place à la fin du Digeste est significative.

« Ces règles, dit M. Toullier, ne sont que des maximes gé-

» nérales trouvées par les jurisconsultes qui, après avoir observé » ce qu'il y a dans les lois de commun, énoncent cette conformité par une maxime, qu'ils appellent une *règle*, parce qu'en » effet, dans les cas douteux et imprévus, elle sert à rattacher » les cas particuliers aux principes généraux. »

Si, à l'exemple de M. Toullier, nous confondons un moment la législation et le droit, nous dirons : « Il y a commerce continu entre les lois, et la règle; née des lois la règle en produit » à son tour. »

On ne saurait trop le répéter, c'est de l'ignorance ou de l'oubli de cette nature de la règle, et des lois qui ont présidé à sa génération, que vient le danger qui s'attache à la règle, et que signale une des dernières lois du Digeste :

Omnis definitio in jure periculosa. (L. 202, ff. de Reg. jur.) Toute règle de droit a ses dangers; toute règle est dangereuse en droit. (Toullier, t. 7, n. 569.)

C'est à cette occasion que l'on peut dire avec le droit romain : « L'erreur en droit n'est jamais sans patronage ; si l'on s'égare, » c'est presque toujours sous les auspices et en quelque sorte à » l'ombre d'une règle de droit :

Plerumque sub auctoritate juris scientiæ perniciosè erratur. (L. 90, § 3, ff. de Reg. juris.)

C'est que sans doute un penchant peu résistible nous entraîne trop souvent à prêter l'absolu à ce qui comporte si mal l'absolu, la règle de droit.

Bien entendu encore que ceci ne s'étend point aux maximes transcendantes de droit naturel et de morale (par exemple : Nul ne doit s'enrichir au préjudice des droits d'autrui). « Tous les vrais » principes, s'écrie madame Staël, dans son langage élevé, ne » souffrent point d'exception ; c'est assez d'une exception justi» fiée pour qu'il n'y ait plus de morale dans le monde. S'il y a » dans la théorie un seul cas où l'homme doive manquer à son » devoir, toutes les maximes philosophiques et religieuses sont

» renversées, et ce qui reste n'est plus que de la prudence et de
» l'hypocrisie. »

Mais en matière de droit civil, on doit tenir pour constant le point de doctrine : « Il n'y a pas de règle générale qui puisse ré-
» pondre aux cas si divers que le temps et les affaires font éclore. »

Si quelques-unes, dit Loysel parlant des règles de droit, ne sont pas perpétuellement vraies, souvenez-vous qu'il y a quelque chose de plus universel et de plus général encore, et que la première de toutes les règles est celle-ci :

« *Nulle règle sans faute.* »

Toutefois, ce serait, selon Dantoine, trop hasarder de dire qu'il n'y a point de règle de droit sans exception, puisque l'on en trouve de si générales, qu'elles ne manquent jamais..... Au reste l'exemple qu'il cite (p. 586) n'est pas très-heureux.

De ces considérations sortent deux conséquences.

1° Non absolue de sa nature, la maxime doit rarement revêtir les formes absolues de la négation ou de l'affirmation, de l'indéfini. Ordinairement il sera mieux qu'elle tienne l'esprit en garde, à l'exemple de la loi romaine qui emploie si souvent ces termes modificatifs de la généralité des règles, *ferè*, *plerumquè*, *solere*, *videri*, etc. *Catholica raró reperiuntur. Omnis regula juris civilis est lubrica; quâ de causâ*, dit Cujas, *modestè ac submissè a jurisperitis cùm regulæ tùm sententiæ et opiniones omnes enuntiari solent his verbis : ferè*, *forsitan*, *plerumquè.* Voyez encore Quintilien, l. 2, chap. 16.

2° La théorie de l'exception ne devra point être séparée de celle de la règle. Les premiers regards de l'esprit saisissent les ressemblances, et les règles générales naissent et s'étendent; les seconds, plus attentifs et plus prolongés, aperçoivent les différences et les sous-maximes, les exceptions surgissent. Ce serait scinder et déchirer la règle, que de la voir isolée de ses exceptions.

Cette défaillance, cette éclipse partielle de la règle générale, appelée *exception*, les auteurs la caractérisent ainsi :

Omnis regula suas patitur exceptiones. (Dantoine, *Préface*, 6.)

Ce langage est, à la vérité, peu exact, mais il est reçu ; en réalité, il n'y a point d'exception. La règle qui est dite la souffrir ne régit qu'en apparence le cas excepté. Elle ne pourrait le revendiquers ans empiéter sur le domaine d'une autre maxime, d'où dépend le cas excepté. L'exception marque, en surgissant, les confins de deux règles, et indique le point où l'une cesse, où l'autre commence.

C'est le sentiment confus de cette vérité qui a conduit les auteurs à cet énoncé :

Omnis exceptio est ipsa quoque regula.

L'exception est elle-même une règle.

Les exceptions, selon Domat, sont des règles qui bornent l'étendue des autres.

Mais ces règles-exceptions restreignent moins la règle que les termes qui l'énoncent. Cette apparence qui fait croire qu'une maxime régit ce qu'elle ne régit pas, est l'effet de l'imperfection des langues et de la difficulté qu'on éprouve à empêcher que les termes de la règle ne s'étendent plus loin que la règle.

Patent sæpius verba regulæ latiùs quàm ipsa regula.

Toutefois, s'il y a nécessité fréquente de restreindre la règle ou les termes de la règle, le droit éprouve aussi assez fréquemment le besoin de l'étendre par des contre-exceptions, qui sont le plus souvent des assimilations, des fictions extensives. C'est encore l'effet de l'imperfection de la langue. Un des effets de ces règles-exceptions sera de proclamer une seconde fois la règle : celle-ci se reflète encore dans l'exception.

Exceptio quoque regulam declarat..... (Tulden.)

Et l'exception aussi déclare et certifie la règle.

L'exception fortifie la règle en marquant de tous côtés ses limites, qui sont aussi ses points d'appui : *Regulam* dit Hotman, *non vitiant exceptiones, sed terminant, finiunt, limitant, circumscribunt, ut catenùs valeat quatenùs per exceptionem non limi-*

tatur. Ce qu'elle n'a point ôté à la règle reste confirmé à la règle par la force d'une nouvelle sanction.

Exceptio firmat regulam in casibus non exceptis.

Exceptio firmat regulam in contrarium.

L'exception fortifie la règle dans tous les cas non exceptés. Voyez Bacon, aph. 17.

L'exception prononcée dans des cas particuliers laisse les autres, dit M. Toullier, sous l'empire de la règle générale.

L'exception nécessite l'application de la règle à tous les cas non exceptés. (N. Répert., v° *Curateur*, § 1. — Merlin.)

Toutefois, loin de fortifier la règle, il est des exceptions qui l'affaibliraient, la détruiraient même. Une règle cesse d'être règle, quand il y a autant de cas d'exception que de cas d'application, ou à peu près; elle est affectée dans son caractère essentiel, la généralité.

Il est de la nature de l'exception d'être expresse; car elle déroge, et on ne peut déroger par le silence à la règle générale expresse.

Toute exception doit être restreinte et contenue dans ses limites.

Toute exception *non surveillée tend à prendre la place du principe.*

Ce qui est aujourd'hui règle et principe a souvent commencé par s'offrir sous la forme modeste de l'exception, et la prétendue règle a pris la place de celle-ci.

Toute cette doctrine sur la maxime et l'exception repose sur les rapports éternels des faits et du droit. Comment discipliner, ployer à des règles bornées des faits qui ne peuvent l'être, et qui, échappant et à la prévoyance et aux classifications, débordent de toutes parts le droit formulé? Les faits et leur infinie variété, c'est la nature, et les règles, l'œuvre de l'entendement humain.

CHAPITRE VII.

Des Maximes sur l'office et la destination des Maximes.

L'étude de la maxime, vue dans sa nature, conduit à la connaissance de sa destination et de son office en droit.

L'esprit n'opère sur les notions particulières, ne recherche et ne poursuit l'idée commune qui les unit et qui sera le noyau de la maxime, que dans l'idée vague qu'il s'affranchit ainsi, pour l'avenir, d'un travail individuel sur des idées semblables, et qu'il obtiendra ainsi une sorte de type et de mesure générale, applicable aux individualités, au moyen d'un jugement rapide d'analogie.

Cette génération des maximes suffisant pour démontrer qu'elles ne comportent pas l'absolu, on voit que le propre de la maxime, que son office le plus général, sera d'offrir à la pensée, sur le point controversé, les premiers conseils et l'esprit général du droit.

Est regulæ proprium non ut semper signum habeat universale affirmativum, vel negativum, aut indefinitum, sed ut breviter primaria consilia, primariam rationem juris controversi decidendi præbeat. (D. Godefroy, sur la loi, 1 ff. de reg. jur.)

C'est déjà un service immense que cette première direction que la règle imprime à l'esprit. Le champ d'étude est circonscrit, l'attention concentrée, rien de plus conforme à sa nature.

Formée de l'idée commune à plusieurs espèces rapprochées, la maxime attire à son tour et éclaire les espèces analogues.... Ajoutez qu'elle réveille en même temps toutes les idées dont elle est devenue depuis le point de ralliement.

C'est en droit une mnémonique rationnelle, dont ne pourraient se passer les plus puissants génies.

Écoutons François Hotman, qui a le mieux pénétré la nature de la règle-maxime : *Regulæ sunt tanquàm communes loci qui ad usum quotidianum et ad vitandum altè repetendi juris laborem parati atque instituti sunt.*

Et la noble fin qu'elle se propose, dit encore l'éloquent jurisconsulte, c'est d'arriver par le chemin le plus facile et le plus sûr à la connaissance de l'équité et du droit.

Finis est facilior æquitatis ac juris civilis cognitio. (V. cah. p. 148.)

La voix qui n'est d'abord qu'un conseil peut monter jusqu'au ton du commandement, selon son importance, l'ordre plus ou moins élevé auquel elle appartient, le degré et la durée d'assentiment qu'elle a obtenu, l'absence ou la présence d'une disposition légale, etc.

Il en est dont le seul office est d'avertir ou d'éclairer, qui sont moins la règle que l'esprit des règles, les motifs des dispositions. *Perdituro pecuniam dedere ; sibi imputent.* (D'Aguesseau, in-8°, t. 2, p. 270.) Qu'ils s'imputent d'avoir prêté de l'argent à qui devait le perdre.

La maxime partout présente offre à la fois des points d'appui à la mémoire, des conseils aux législateurs, des secours à la loi, des flambeaux aux jurisconsultes, des arguments au barreau, des motifs aux juges. Elle sert en même temps la science et la pratique, la loi et ses applications. *Ex regulâ*, dit Décius, dans son langage hardi, *non secùs atque è tripode respondemus.* Du haut de la règle, comme d'un trépied sacré, nous rendons des oracles de droit et d'équité.

La loi ne règle que quelques points ; la maxime règne dans tout le droit.

Regula est deciduum totius juris.

Du reste il y a action et réaction continue de la maxime à la loi, de la loi à sa maxime.

Celle-ci, forte de ses propres forces, sanctionne plus qu'elle n'est sanctionnée, elle peut se passer de la sanction législative.

Un autre obstacle tiré de sa nature s'oppose en général à sa codification.

Ce qui constitue l'essence, ce qui fait le mérite de la règle-maxime, sa généralité, sa vaste acception, sa fécondité; voilà précisément ce qui interdit le plus souvent son introduction textuelle dans la législation.

Le législateur doit sans doute marcher au flambeau des maximes transcendantes dont la lumière reste à côté des lois pour éclairer leur application après avoir présidé à leur confection; mais rarement lui est-il permis de les consacrer textuellement, et cette impuissance naît de la différence de l'objet que la loi se propose, et de l'objet que la maxime se propose elle-même. La maxime éclaire, inspire, dirige, motive; la loi veut et commande; s'il est des cas où la maxime commande aussi, c'est qu'une haute raison est elle-même une haute puissance, et que toutes les fois qu'une lumière brille au sein des ténèbres, l'homme ne pourrait, sans rébellion contre sa nature, résister à une telle direction.

De là en général pour le législateur l'obligation de préférer à l'insertion textuelle de la maxime le parti de la traduire, de la développer en actes précis, en faits déterminés qui ne laissent aucun prétexte à l'hésitation, aucun sujet à la controverse.

La loi, c'est la monnaie des maximes dont il doit toujours être facile de vérifier le titre, en la rapprochant de son type immuable.

« C'est d'après ces principes que les Anglais ont laissé con-
» stamment les maximes en dehors des codes, qu'ils ont con-
» stamment écarté de leur législation positive toutes ces maximes
» générales plus ou moins susceptibles de dénégation, de lon-
» gues disputes, et dont la *discussion atteint toujours plus ou*

» *moins le respect dû à la loi qui les renferme*; mais ils y ont » substitué de ces *vérités de fait* qu'on ne peut entendre que » d'une manière, qu'on ne peut réfuter d'aucune, qui n'admet» tent ni discussion, ni définition, et qui réduisent la mauvaise » foi elle-même au silence. Ainsi quand la charte anglaise a dit : » — Qu'aucun homme ne soit arrêté ou emprisonné que par un » jugement légal de ses pairs, — la liberté des Anglais est de» venue un axiome. » Au reste le droit anglais n'est pas le moins fécond en maximes, lesquelles forment une partie importante de la loi commune. (Voy. Blackstone, t. I, p. 105.)

Ici le fait renferme la maxime dont il n'est que la sanction inattaquable et précise. C'est parce que les maximes ne peuvent en général entrer dans la législation, qu'il faut, dans l'intérêt de l'ordre social à qui la loi ne peut suffire, élever derrière l'autel de la loi un autre autel aux maximes et les confondre dans un même culte.

La conversion de la maxime en loi est une œuvre de sévère circonspection. Le mal est au comble quand le législateur inattentif vient ajouter la force de la sanction publique à l'autorité d'une maxime funeste, douteuse, inharmonique. François Ier crut seulement simplifier la jurisprudence, quand il érigea en loi la maxime : « *Nulle terre sans seigneur.* » Mots funestes, s'écrie un publiciste, qui recréèrent la féodalité où elle avait cessé, et la créèrent où elle n'avait pas existé !

Si la loi trouve dans la nature générale de la maxime un obstacle à sa consécration textuelle, souvent aussi elle aurait peu d'intérêt à substituer des textes à des maximes reconnues qui suffisent, sur les points donnés, à tous les besoins de l'ordre civil.

A leurs propres forces les maximes joignent alors celles qu'elles tirent du silence du législateur.

Quelquefois il les appelle lui-même à remplir les vides de la législation. (Voy. art. 4 du Code civil, et la discussion sur cet article.)

De là cette règle de tous les temps :

Regula pro lege, si deficit lex.

A défaut de loi, la maxime en tient lieu.

Suivant D. Godefroy :

Regulæ juris sunt directorium tyronis disputantis, jurisperiti de jure respondentis, judicis jus dicentis.

Ce n'est pas seulement à l'étude du droit, à la consultation, que la maxime est nécessaire ; mais à l'administration de la justice.

Le juge y trouve la règle qu'il a vainement cherchée dans la loi.

In negotiis de quibus nulla lex privatim lata est, regulam producit. (Dantoine, préface.)

Judicis est in pronuntiando sequi regulam, exceptione non probatâ. (Bald.) Le juge doit, en prononçant, suivre la règle, quand l'exception n'est pas prouvée. A la maxime qui fait office de loi, le droit attache les mêmes effets qu'à la loi elle-même. Aussi la maxime fait-elle partout partie de la loi commune.

« Selon quelques jurisconsultes, dit Blackstone, t. 1, p. 104, » édit. in-8°, la loi commune se compose 1° des coutumes établies, des usages suivis ; 2° des règles et maximes établies ; » telles que : « Le roi ne peut faire le mal ; — Nul n'est tenu de » s'accuser lui-même » ; mais, à mon avis, dit Blackstone, c'est » une seule et même chose : car l'autorité des maximes repose » entièrement sur l'adhésion générale et sur l'usage ; on ne peut » établir que telle ou telle maxime est une règle de la loi commune, qu'en prouvant qu'elle a toujours été observée. »

Ainsi on ne doit pas tirer à conséquence ni étendre ce qui blesse la règle et s'introduit contre elle :

Quod verò contra rationem juris acceptum est, non est producendum ad consequentias. Ajoutez, dit D. Godefroy, et contre la règle : *Contra regulas adde.*

A la maxime comme à la loi il ne peut être dérogé qu'expressément : *Regulæ standum est donec probetur exceptio.* (Tulden, p. 1. — Dantoine, p. 2.)

Ainsi sera réputée fondée l'action portée en justice, si elle repose sur une règle de droit :

Qui regulam pro se habet, fundatam habet suam intentionem. (Dantoine, p. 2; Argt., l. 5, ff *de Probat. et Præsumpt.*)

De là encore ce privilége, attribué à la maxime comme à la présomption établie par la loi même, d'affranchir de la preuve celui qui a le droit de l'invoquer en la rejetant sur l'adversaire.

Regulam contradicenti probatio incumbit. (Tulden.)

Is pro quo stat regula, transfert onus probandi in adversarium. (Dantoine.)

Regulæ contradicens id expressè probare debet. (Barbosa.)

De là enfin cette identité de sanction judiciaire qui réprime si souvent la violation de la règle comme elle réprime la violation de la loi. Le discours préliminaire en offre plusieurs exemples.

CHAPITRE VIII.

Maximes sur l'autorité de droit des Règles Maximes.

Les règles-maximes rempliraient mal leur office, si elles ne valaient qu'à titre de notions générales, si elles n'étaient douées d'autorité.

Elles valent encore comme ayant régi, comme dignes de régir. Elles valent par la cessation des controverses qui ont dû précéder leur introduction ; elles valent par le silence du législateur qui leur a laissé le champ libre; elles valent par le temps ou plutôt par l'assentiment tacite et continu de la société, que le temps implique.

Ainsi la source de leur autorité est la même que celle de la loi; seulement le mode d'émission de l'assentiment d'où elles tirent leur force diffère. Il ne peut exister deux sources légitimes d'autorité sociale; si, quant à la loi, l'assentiment est exprès et solennel, on doit dire, à l'égard de la règle de droit, qu'elle est faite directement par la société, qu'elle est l'œuvre lente mais immédiate de sa souveraineté, qu'elle la vérifie, qu'elle la confirme tous les jours.

De là cette maxime :

Non est certandum de regulis juris.

On ne dispute point sur les règles de droit.

Actor qui contra regulam quid adduxit, non est audiendus. (Dantoine.)

On ne doit écouter celui qui *avance* une proposition contraire aux règles de droit.

Elles sont en effet introduites pour prévenir et faire cesser les discussions; l'épuisement des controverses a été le titre de leur admission; la fin de leur institution a été d'épargner la peine de remonter, dans chaque affaire, aux sources du droit : *Ad vitandum altè repetendi juris laborem parati atque instituti.* A la différence des simples principes, qui ont besoin d'être démontrés, les règles-maximes servent à démontrer; c'est le point de départ. (Voy. d'Aguesseau, édit. in-8°, t. 5, p. 162.)

On ne les remettrait en question qu'au grand préjudice de la société et avec une perte immense de temps et de force. Ce serait imiter le savant insensé qui, au lieu de partir du point où seraient arrivés ses devanciers, voudrait refaire tout ce qui a été fait, démontrer tout ce qui a été démontré, retrouver tout ce qu'ils avaient inventé.

Ainsi de sa nature la règle-maxime est hors de contestation ;

elle ne peut en général soulever que des questions de compétence, de limites, d'application, de pureté ou d'altération de textes, etc.

Nous avons vu que l'exception revendique pour elle-même qui est aussi une règle, la portion d'autorité qui lui est due, et n'ôte rien à l'autorité de la règle ou maxime principale ; elle la délimite, il est vrai, mais la confirme et la fortifie par la délimitation même.

Les exemples ne sont pas faits pour borner l'autorité de la règle, mais pour l'expliquer et déclarer le sens vrai de la règle.

Regula exemplis non angustatur. —(Tulden.)

Mais si la maxime ou la loi paraissait avoir en vue non de donner des exemples, mais d'énumérer les cas où elle devra s'appliquer, la maxime ou la loi reste sans force à l'égard des cas non énumérés : *Enumeratio infirmat regulam in casibus non enumeratis.* (Bacon, Aph. 17.)

CHAPITRE IX.

Maximes sur les diverses conditions de l'autorité des Maximes.

Cette autorité, sans laquelle les maximes ne pourraient fonctionner, conserver ni remplir cette haute et large place qui leur est assignée dans le droit et l'ordre civil, est loin d'être inconditionnelle. Elle est au contraire soumise, comme toutes les autorités du monde, à des conditions de vie et de force.

Le défaut de ces conditions constitue un vice de la maxime, qui la rend impropre à ses fins, qui l'empêche d'acquérir ou de conserver le crédit et l'empire incontesté, l'autorité reconnue qui est de son essence.

Semel cùm in aliquo vitiata est, perdit officium suum. (L. 1, ff de reg. juris.)

La règle viciée dans un seul point perd toute autorité.

Deux conditions générales renferment toutes les autres.

Il faut 1° que la maxime soit réellement maxime, qu'elle en réunisse tous les caractères externes et internes; 2° qu'elle reste fidèle à sa destination et à ses fins.

C'est à la lumière d'une saine critique qu'on reconnaîtra s'il y a pureté dans les textes, identité entre la maxime invoquée et la maxime qui a traversé les âges par la force de l'assentiment continu de la société; si le sens primitif a été altéré, maintenu, modifié, etc.; si elle porte le sceau authentique de son titre de maxime.

Ce titre peut ou n'être pas encore acquis, ou s'être effacé, ou être remis en question.

La règle invoquée peut n'être pas arrivée au rang de maxime; il faut qu'elle ait été reconnue, consacrée comme telle.

Un principe fort de vérité peut être digne des honneurs de la maxime et ne les avoir point encore obtenus. Il manque de cette fixité convenue de sens et de termes, qui est le sceau de la maxime. Il est à peine remis des secousses de la controverse; c'est l'île qui surgit improvisée par le volcan. Laissez à la nature le temps de lui imprimer les signes de son adoption.

Ce principe devant être démontré lui-même, ne pourra, comme la maxime, servir de prémisses à un raisonnement, sous peine de tomber dans le cercle vicieux.

Tel ce principe de Pline (Panég. de Traj.), qui croyait n'être qu'ingénieux, et qui était profond quand il disait :

Ea demùm tuta potentia est quæ viribus suis modum imponit.

Le pouvoir sans limites est aussi sans appui. Voilà un principe; mais pas encore une maxime.

La vie de la maxime n'est pas dans le tissu des termes qui l'énoncent, mais dans l'expression juste et forte d'une haute vérité qui s'applique à un état permanent ou donné de la société. La maxime qui répond à un état passager est passagère elle-même. Si cet état cesse, l'assentiment tacite qui faisait sa force se retire, et la maxime n'est plus. C'est la loi morte d'une société morte; telle la maxime : *Nulle terre sans seigneur*, qui dut s'ensevelir dans le même tombeau que la féodalité. Ce n'est plus qu'une médaille dans le musée de l'histoire. L'une des premières conditions de vie de la maxime sera donc d'être harmonique à l'état actuel de la société.

On peut dire qu'en général la maxime à qui sa nature a permis de passer textuellement dans la loi ne vit plus *comme maxime*, mais comme loi ou partie de loi. Elle est en quelque sorte absorbée ; la sanction *expresse* l'emporte sur la sanction *tacite*, et c'est désormais dans la loi ou son esprit qu'il faut chercher sa délimitation et sa portée. Telle la vieille maxime : *Possession vaut titre*, qui est devenue l'article 2279 de notre Code civil.

Il est d'autres maximes secondaires dont l'autorité est momentanément nulle à l'égard de ceux qui ont mission de la remettre en question. Introduites et consacrées par un long usage impliquant une longue et tacite convention, elles ne pourraient lutter contre la convention expresse et publique, la loi.

Ainsi, telle maxime qui ne cesse, à défaut de loi, d'obliger le juge, ne lie point le législateur qui médite la loi, ni le jurisconsulte qui prépare les voies à la législation. On ne peut admettre *à priori* une autorité qu'il s'agit d'examiner, ni la prendre pour juge quand elle est citée à comparaître.

Ici se placent les paroles d'un tribun dans la première discussion du Code civil :

« Certaines maximes recueillies par les jurisconsultes, commodes en jurisprudence et lorsqu'il s'agit d'appliquer des lois déjà faites... ne sont point admissibles lorsqu'il s'agit de discuter des lois à faire. Entendre s'en prévaloir, c'est admettre pour bon, pour excellent ce qui est; alors ce ne serait pas la

» peine de changer ; c'est s'exposer souvent *à ériger en principe* » *ce qui est en question.*

» C'est aux principes fondamentaux de l'ordre social qu'il » faut comparer la loi à faire, plutôt qu'à une multitude de sou- » venirs transformés en axiomes très-secondaires qui souvent » en dérobent la vue... C'est alors qu'il faut maîtriser les sou- » venirs, juger son propre savoir, et dominer ses connaissances » avec sa raison. »

Après ces abus trop fréquents de traiter en maximes des règles dépourvues des caractères essentiels de la maxime, viennent les abus qui dérivent de l'emploi inopportun ou mal dirigé de la maxime réellement consacrée.

C'est abuser de la règle-maxime que de l'appeler où elle n'a que faire. L'esprit repousse les intermédiaires qui ne sont pas appelés par le besoin d'éclaircir, de prouver, de déterminer; au lieu de servir, ils énervent. Cette lumière empruntée se marie mal aux lumières propres du sujet, et il pourrait en résulter un jour faux et trompeur. C'est ici l'inverse de la maxime ordinaire, et ce qui est *inutile vicie.*

Une source d'abus bien plus féconde est la transplantation, le déplacement, la déviation de la règle-maxime.

S'il en est qui, tirées de la nature intime de l'homme, planent sur l'ensemble de ses rapports, l'ordre moral, civil, politique, religieux, il en est un bien plus grand nombre qui, formées d'idées propres à chacun de ces ordres, tiennent de leur nature même la mission de les régir exclusivement : on dirait que la maxime subit une sorte de déportation et de mort civile, quand elle est ainsi jetée dans un système contraire à ses éléments constitutifs, aux idées qui l'ont fournie et dont elle a pour ainsi dire reçu les suffrages.

La juridiction des maximes, comme celle du juge, s'exerce dans les limites d'un territoire qui est ici tout moral ; au-delà leur pouvoir expire, et c'est impunément qu'il leur est désobéi :

Extra territorium jus dicenti impunè non paretur.

C'est ainsi que l'on a vu naguère les maximes du dogme se mêler aux maximes du Code pénal, et enfanter le monstrueux sacrilége.

Ici est marquée la place de cette belle règle de Montesquieu :

« Il y a différents ordres de *lois* (on pourrait dire de maxi-
» mes qui sont lois si souvent) ; et la sublimité de la raison
» humaine consiste à savoir bien auquel de ces ordres se rappor-
» tent principalement les choses sur lesquelles on doit statuer,
» et à ne point mettre de confusion dans les principes qui doi-
» vent gouverner les hommes. » (*Esprit des Lois*, liv. 26, chap. 1 et 2.)

« Chaque chose a ses maximes propres et doit s'y tenir; il ne
» faut pas faire dépendre un monde de ce qui se passe dans un
» autre monde. » (M. Royer-Collard.)

La raison humaine se fatigue et s'use à ramener et à retenir les maximes dans leur sphère respective, à préserver la société des maux et des désordres qui s'attachent à leur confusion.

La *théocratie* n'est que l'invasion des maximes du sacerdoce dans le monde politique. Le *despotisme* repose sur des maximes empruntées à la famille et au droit privé; l'*esclavage* sur les maximes *du tien et du mien* violemment transportées dans l'ordre des personnes. Le délit d'usure en France, la taxe des pauvres en Angleterre, sont le résultat du triomphe des maximes ascétiques aux prises avec les maximes propres à la matière.

Les maximes: *Quod Deus conjunxit homo non separet; Os ex ossibus meis, caro de carne meâ*... (Pothier, *Cont. de mariage*, n° 1, n° 442), transbordées en quelque sorte de l'ordre religieux dans l'ordre civil, combattront encore longtemps déguisées ou à découvert pour l'indissolubilité absolue du mariage, et le sacrement continuera à imposer ses lois au contrat civil.

Cette maxime de droit civil (bonne en matière de donation), *Qui peut le plus peut le moins*, serait un principe de confusion et d'anarchie dans l'ordre politique qui réside dans une exacte répartition de pouvoirs dont la nature inhomogène et distincte échappe à la loi des quantités.

Le génie de Montesquieu n'a jamais mieux servi l'humanité qu'en dénonçant au monde cet abus si grave et si fréquent de la transposition des maximes d'un ordre à un autre, de leur sphère légitime dans un domaine étranger. Il consacre plusieurs chapitres à des développements précieux à cet égard.

Tout serait dit sur les maximes et leur logique, si le même génie qui signalait le danger de leur transposition, avait enseigné aux hommes les moyens de le conjurer, de retenir chacune dans sa sphère propre d'activité, à quels signes certains on reconnaîtrait qu'elle en est sortie, à travers cette auréole mensongère d'autorité qui suit la maxime dans le cours même de ses aberrations; car si l'on excepte ce petit nombre de maximes anti-sociales ou perverses que le machiavélisme ou l'immoralité retiennent à leur service, on peut affirmer qu'il n'en est aucune qui ne rende, maintenue à sa place et dans les limites de sa juridiction, de bons et loyaux services. Témoin, par exemple, la maxime : *Is fecit cui prodest ;* consacrée à juger, à servir seule de base à une conviction, elle pourrait assassiner; mais dans la main sage du magistrat chargé des premières investigations, elle imprimera souvent une juste et utile direction au vague des premiers soupçons.

CHAPITRE X.

Des abus de la Maxime qualifiés d'abus logiques proprement dits ou abus de déduction.

Une autre condition essentielle que la logique appose à l'autorité de la maxime sur notre raison, est la fidélité des déductions. Il ne faut pas que la logique soit blessée dans le raisonnement qui constitue l'application de la maxime, ni que celle-ci subisse de réfraction, si l'on peut parler ainsi, en traversant ce milieu qu'on appelle espèce.

On arrive à abuser même de la maxime à propos invoquée et propre à la matière, quand l'esprit pèche en formant la proposition secondaire (la mineure, en empruntant les termes de l'école) qui sert d'intermédiaire entre la maxime et la conséquence que l'on poursuit. Recourons à un exemple.

Volenti non fit injuria :

A qui le veut bien, il n'est fait ni tort ni injure.

Or Titius a voulu.

Il est clair que la non-réalité du vouloir, la mauvaise appréciation des caractères de la volonté pourra vicier, fausser le raisonnement, et conduire à une application abusive de la maxime.

Ainsi l'intelligence parfaite des règles-maximes ne suffirait pas pour être à l'abri du danger toujours présent de s'égarer dans les applications. Une grande sagacité et l'étude particulière du fait et des idées intermédiaires deviennent indispensables; et c'est ce qui rend si difficile l'art de juger ou d'appliquer la loi ou la maxime aux faits qu'elle est vraiment appelée à régir.

Ce qu'un de nos publicistes a dit des lois, regarde aussi les maximes qui font si souvent office de loi :

« En général, l'injustice se trouve moins dans la rigueur » des dispositions législatives, que dans la *fausse application* » qu'en font les hommes. Quelque légère que soit une peine, » elle devient inique, du moment qu'elle est appliquée à un fait » que le législateur n'avait voulu ni dû punir. » (M. Comte.)

C'est un moment critique que celui où l'esprit embrassant du même regard la règle et l'espèce, procède à cette argumentation qui a pour but d'appliquer, de superposer l'une à l'autre; où, la maxime connue, choisie, rapprochée, il va se livrer aux déductions. Le fait doit alors, dit Dumoulin, attirer surtout l'attention :

Modica circumstantia facti jus mutat.

La plus petite circonstance peut changer le droit.

Mutatis mutandis.

La règle s'applique toujours eu égard aux espèces.

On peut malheureusement encore, de prémisses vraies, tirer une conséquence qui ne l'est pas. Encore un exemple :

Ne fais pas à autrui ce que tu ne voudrais pas qu'on te fît.

De cette belle maxime morale on pourrait, à l'aide d'un argument si souvent fautif (*argumentum à contrario*), faire sortir le talion, qui demande *œil pour œil*, *dent pour dent*, *vie pour vie*.

Et cette fausse conséquence, cet insigne abus de la maxime, influa plus ou moins sur la législation, tant que la doctrine de l'intérêt général resta ignorée ou imparfaite : c'est encore aujourd'hui un des arguments invoqués à l'appui du maintien de la peine de mort.

Les autres règles qui tendraient à assurer encore plus de fidélité dans les déductions, plus de justesse dans les conséquences, seraient des règles purement logiques qu'on ne pourrait qu'emprunter à la *dialectique*.

CHAPITRE XI

Maximes Fictions ou Tropes.

On conçoit bien que les maximes fictions doivent reconnaître, outre les préceptes communs à tout ce qui est maxime en droit, des règles spéciales dérivant de leur nature propre.

La maxime fiction est celle qui contient, pour emprunter quelques-unes des expressions de Papinien, l'un de ces mensonges que l'utilité générale a introduits dans la loi ou dans le droit : *Mendacium utilitatis causâ in lege, vel jure receptum.*

M. Toullier, en niant l'existence des fictions, rejette virtuellement et sans examen toutes ces règles. « La fiction, dit ce » jurisconsulte (t. XII, p. 253; t. IV.), est la ressource de » la faiblesse ou de l'impuissance; la loi ne feint rien, elle n'a » pas besoin de feindre : elle commande... La fiction est indigne » de la majesté du législateur... Les fictions furent inventées » par les préteurs romains [1] qui, dans l'impuissance d'abroger » la loi, voulaient néanmoins y déroger sous prétexte d'équité. » Les jurisconsultes imitèrent les préteurs et usèrent de fictions » dont l'usage leur parut commode, soit pour adoucir une loi » trop dure, soit pour rendre leurs écrits plus méthodiques en » apparence, en faisant tout dériver d'un même principe, *etc...* » On a peine à concevoir que tant de jurisconsultes d'un grand » mérite soient allés s'embarrasser dans cette fausse et inutile

[1] Nul droit ne compte plus de fictions que le droit anglais qui a repoussé le droit romain; témoin leur corruption du sang; leur *caput lupinum*, que tout filou était censé porter. Feindre, c'est l'une des forces, et souvent il est vrai, l'une des maladies de l'esprit humain, et non une invention des préteurs romains.

» doctrine des fictions et des présomptions, comme si le législateur en avait besoin pour être juste. »

Cette opinion, la plus hardie, la plus forte qui ait été émise en droit depuis des siècles, a passé inaperçue, distraits, absorbés que nous sommes par nos questions politiques, nos codifications, *etc*.

La pensée de ce grand jurisconsulte, occupée ailleurs, n'a pas eu le temps de pénétrer dans les profondeurs métaphysiques qui cachent la nature de la fiction; l'œil ouvert sur une seule face, il n'a vu que les inconvénients, les abus, et il a lancé *l'anathème;* il a cru voir dans le fond ce qui n'est que dans la forme; dans les choses ce qui n'est le plus souvent que dans les termes, puisque la loi ne ment dans l'énonciation que pour être plus vraie dans la disposition.

Les fictions existent de fait et de droit.

Elles remplissent la législation et la science. Leur présence, annoncée dans le droit romain par les termes *intelligitur, videtur, censetur*, l'est à chaque page de nos codes par les mots *réputé, censé, considéré*. M. Toullier lui-même se sert autant et plus habilement qu'aucun autre jurisconsulte des nombreuses fictions qu'offre la science. *Voy.* notamment t. XI, n° 15, p. 108.

Elles existent de droit à titre de nécessités intellectuelles, de nécessités de langage, de nécessités de législation et de doctrine.

Il vaut mieux que l'esprit humain consacre à l'étude de la fiction de droit [1] tout ce qu'il perdrait en vains efforts pour la bannir.

Feindre n'est pas un acte propre à la législation, au droit, c'est une des formes de l'entendement, un des grands moyens

[1] Afin de tirer de sa nature mieux connue des remèdes appropriés au mal accidentel qu'elle peut causer, qu'elle a en effet trop souvent causé.

donnés à l'intelligence humaine; partout, quel que soit l'objet de son activité, elle en éprouve le besoin; c'est que partout, dans les sujets même les plus arides en apparence, il faut que l'imagination concoure avec les autres facultés. Les beaux-arts aspirent à émouvoir; la morale a pour objet le bonheur et la perfection des hommes; les sciences, la vérité; la législation, le droit, non pas la vérité, mais la paix, la sécurité, la prospérité. Malgré la diversité de ces buts, tous comptent les fictions au nombre des moyens de l'atteindre; tous y auront plus ou moins recours. La science des quantités et des grandeurs n'a-t-elle pas ses suppositions et ses infiniment petits, l'astronomie tous ses cercles décrits dans l'espace par la seule pensée, la physique ses hypothèses, la morale ses apologues, la grammaire ses tropes, la religion même ses victimes fictives?... *Diis gratæ fuere fictitiæ victimæ... placuere ficta auspicia...*

L'objet commun des fictions les réconcilie bientôt avec la vérité; l'idée de convention, d'avertissement, d'utilité commune, est ce qui distingue la fiction du mensonge: « *Quod in jure » fictio dicitur, si verum amas, magis est justa œconomia et » dispositio juris, per quam juris nodi solvuntur, et tota æqui » bonique ratio ordinatur, componitur...*

» *Infinitæ prope modum fictiones jure civili introductæ sunt » optimo consilio, ut per eas perveniatur ad justum et æquum; » non dispari arte à nauticâ quâ aversi tendunt ad portum.* »

Ainsi, pour emprunter le langage élégant de Hauteserre, la loi ne prendrait le chemin de la fiction que pour arriver plus sûrement et plus vite au sanctuaire de cette justice qui est sa vérité à elle, comme le navigateur habile se sert des vents contraires pour gagner le port dont ils semblent le repousser.

Au reste, il serait téméraire de juger les fictions qui sont autant d'atteintes à ce qui est vrai, sans connaître l'ordre et la nature des vérités blessées par ces atteintes; et force est ici à la science du droit d'appeler un moment à son secours les sciences métaphysiques.

Contrarier la vérité étant le caractère essentiel et le seul des fictions, il faut voir ce que c'est que la vérité :

C'est, suivant la notion la plus générale, la conformité de nos idées avec leur objet, avec ce qui en doit être le modèle et le prototype.

Si, voulant connaître le cèdre du Liban, mon entendement réfléchit comme un miroir fidèle les propriétés essentielles qui le font être plante, arbre, cèdre, et cèdre du Liban; si elles s'arrangent dans mon esprit suivant cet ordre simultané dans lequel elles coexistent au dehors, cette notion sera la vérité. Voilà pour les idées de substance.

Il en est ainsi des idées complexes d'êtres moraux, à la différence de leurs modèles qui ne sont pas permanents, et qui ne se reproduisent qu'avec des circonstances partielles. Avez-vous associé, sous le mot justice, les idées élémentaires fournies par la comparaison des besoins et des intérêts de tous, par nos réflexions sur les scènes de la vie, *etc.*, cette conformité, cette représentation fidèle constituera la *vérité*.

Vérités *sensibles*, vérités *abstraites*, voilà les deux grands ordres dans lesquels elles se partagent.

Les vérités *abstraites* sous-embrassent les vérités métaphysiques proprement dites, et les vérités morales.

Les vérités de l'ordre physique, ou *vérités sensibles*, sont celles que la loi sacrifie le plus souvent à la nécessité de remplir son but : témoin la famille nombreuse des fictions sur la mort et sur la vie, l'adoption, etc.

Le nombre des intéressés ayant la plus grande part au vaisseau est, par cela même, le plus grand nombre. Voilà une fiction de la législation maritime, contraire à la vérité métaphysique.

Il en est contre les vérités morales, telles les fictions :

Le mineur est incapable de vouloir.

Le domaine ne pouvait jadis être possédé sans mauvaise foi. *Quod quis ex suâ damnum sentit culpâ, sentire non intelligitur.*

La loi feint que le voyageur entrant dans une hôtellerie n'a n'a *pu choisir*. Le dépôt qu'il y fait est à ses yeux un *dépôt nécessaire*.

Rei turpis nullum mandatum est.

Ici les vérités, quoiqu'elles enfantent la même certitude, ne brillent pas de la même lumière. Les fictions qui les attaquent paraissent donc, en quelque sorte, moins fictives. Leur nature semble s'affaiblir et s'allier à la famille des présomptions.

Il y a des fictions qui portent une atteinte simultanée à divers ordres de vérités. Telles la plupart des fictions complexes.

Ces distinctions ne sont point oiseuses. Elles prouveront davantage aux esprits attentifs que le plus souvent le mensonge de la loi n'est *qu'apparent*; que, de même que tout ce que la loi appelle *peine*, dans un état bien institué, devient peine; ainsi toute disposition de la loi, dictée par la justice et le bien de tous, semble devenir la vérité même; que, si quelquefois la vérité morale même est l'objet et en quelque sorte la victime des fictions, c'est à elle cependant, au besoin plus impérieux de la vérité morale, que la loi sacrifie le plus souvent les vérités sensibles et les vérités métaphysiques. Tel le principe: La loi ne voit le plus souvent qu'une personne dans les deux qu'unit le mariage, où l'on voit que l'atteinte portée à ce qui est vrai métaphysiquement est un hommage rendu à la vérité morale.

C'est à celle-ci que se rattachent les notions que la loi, sur des données le plus souvent incertaines et vagues, compose et détermine elle-même. Il en résulte ce qu'on pourrait appeler des *vérités légales*,

Elles sont en effet des créations de la loi. Que serait la majorité, si la loi ne fixait l'heure où elle doit sonner; la prescription, si la loi ne marquait l'instant qui y met le sceau; la communauté légale, si elle n'énumérait ce qui la compose?

Émanées de la loi, ces vérités sont modifiées par une foule de fictions de la loi; et qui pourrait lui en contester le droit? La majorité légale est modifiée par la fiction qui veut qu'une personne, dans certains cas, soit mineure encore, soit qu'elle ait atteint ou dépassé l'âge fixé, etc. L'aveugle proscription des fictions irait ainsi jusqu'à défendre à la loi de modifier comme elle l'entend ses propres créations.

Ainsi vue de près, la fiction n'est en général, dans le conflit qui s'élève entre deux vérités d'ordre différent, que la préférence donnée par la loi à celle qui importe le plus à l'ordre social, et qui, à ce titre, est plus vérité à ses yeux.

La fiction est alors non seulement un besoin, mais un devoir; elle l'est encore dans une foule de circonstances, et par exemple dans les cas si fréquents où il s'agit de remplacer la vérité inconnue, impossible ou difficile à connaître.

C'est ainsi que l'on feint que cette poutre qui n'a pu être enlevée que par tous les voleurs ensemble a été volée tout entière par chacun d'eux.

Deux peuples sont voisins d'un fleuve; ni l'un ni l'autre ne prouve s'être établi le premier dans ces contrées; on suppose que *tous les deux y sont venus en même temps;* et la domination de chacun s'étendra jusqu'au milieu du fleuve.

Une nation est divisée en deux partis armés l'un contre l'autre d'un droit apparent et sur lequel il n'est pas facile de prononcer: en ce cas, dit Grotius, une seule et même nation est regardée pour un temps comme faisant deux corps de peuples, et de cette fiction résultera pour chacun le droit d'ambassade.

Que mettrez-vous à la place de ces mensonges sublimes? Ah! les fictions qui servent l'humanité lui sont plus chères que la vérité même.

Feindre et commander ne s'excluent pas. Il y a là deux actes qui se succèdent; il faut bien poser et énoncer la règle avant de proclamer la nécessité de s'y conformer, avant de commander.

Or, la fiction appartient à la pose et à l'énoncé de la règle ; la fiction sert à rendre plus vif, plus rapide, plus incisif, l'énoncé de la loi, et c'est souvent la meilleure forme que puisse revêtir le commandement. Ouvrez tous les codes. La loi, par exemple, pourrait-elle mieux et en moins de mots commander, en matière d'adoption, qu'en disant que l'enfant adopté par les deux époux sera réputé né de leur mariage ?

On sait bien, au reste, que la fiction, cet instrument si énergique de bienfaits, peut servir à malfaire avec une égale énergie ; c'est le lot et le propre de tout ce qui est pouvoir.

La fiction peut nuire et par ses abus et par sa nature même ; elle peut éluder et tordre en quelque sorte les bonnes lois, former le tissu de lois mauvaises, jeter des lois sévères hors de leurs bornes par des assimilations. « Après les lois tyranniques, a dit » M. Lanjuinais, rien de si terrible que les fictions qui don» nent aux lois une latitude effrayante. »

Les exemples rempl[illegible]ent des volumes.

Indépendamment de ces abus, les fictions, par cela seul qu'elles sont fictions, portent avec elles des inconvénients souvent signalés ; sagement employés, ces inconvénients sont rachetés et couverts par d'éminents avantages ; mais si l'inhabileté ou le machiavélisme s'en empare, les inconvénients ressortent et pèsent sur la société avec la somme des maux enfantés par les abus mêmes de ces fictions.

Les fictions en général dérangent et troublent le long travail des hommes sur leurs propres idées ; elles faussent, répandues par une main prodigue, leur entendement quand elles devraient le redresser; car la loi réagit sur son principe, la raison humaine.

Que de fois aussi la fiction n'a-t-elle pas été, dans la main du génie, un instrument énergique d'équité et de progrès !

Le mari était-il convaincu d'un crime emportant confiscation (c'était le cas le plus ordinaire)... la communauté tout entière était confisquée, même la moitié éventuelle de la femme, règle bien dure à la vérité, dit d'Aguesseau, mais conforme au texte des coutumes.

Révolté de cette rigueur, le grand Dumoulin chercha et dut à une fiction le moyen d'amollir la règle. Dans le cas où le crime du mari entraînait la confiscation, l'espérance de la femme, grâces à ses longs et savants efforts, était *censée* réalisée, son droit ouvert, sa part arrachée à la confiscation.

Voilà la modification que Dumoulin se vantait d'avoir fait apporter, au moyen d'*une fiction*, à la rigueur de la règle.

Elle réagit aussi sur la législation; la loi qui feint est presque toujours obligée de feindre encore. Les fictions naissent des fictions. C'est le petit nombre qui peut s'associer au génie du législateur pour réprimer par l'esprit de la loi les fictions de la loi; la disposition nue qui les fonde est le point d'où part le plus grand nombre, et l'on peut arriver à être absurde et injuste sans cesser d'être conséquent; les fictions que l'on rencontre si fréquemment enseignent et entraînent à en supposer où il n'y en a pas, et à les regarder comme la clef universelle de la législation et de la science. Si on ne les regardait que de ce côté, on concevrait la sortie de l'illustre jurisconsulte contre les fictions; elle serait justifiée.

Les tropes de la loi sont aussi le plus souvent des fictions, et ces fictions donnent lieu aux mêmes abus.

Si les fictions viennent au secours de la langue, trouvée insuffisante par la loi; la langue, à son tour, au moyen de ses tropes, prête quelquefois aux fictions un voile derrière lequel elles se cachent; tantôt on conserve les mêmes dénominations aux choses qui ont cessé d'être les mêmes et qu'on a changées, tantôt on prête aux choses qui restent les mêmes, des dénominations qui supposent qu'elles ont été modifiées. « On eût dit » (Condillac, sur les fraudes et variations en matière de mon- » naie) que le langage du peuple lui cachait les fraudes qu'on » lui faisait, et conspirait avec le souverain pour le tromper. «

Dans ce sujet immense on se borne à la *métaphore* et à l'*euphemisme*, dans leurs rapports avec les fictions.

La loi chargée d'idées abstraites, abstraite elle-même, doit recourir souvent à la métaphore qui les fait, pour ainsi dire, toucher à nos sens. L'inventaire est *fidèle*, le défaut *couvert*, le compte *liquidé*, le droit *ouvert*, l'obligation *éteinte*, etc.

La loi a aussi des métaphores qui lui sont propres : les *fruits civils, etc.*

L'état de l'homme dépouillé par la loi de presque toute sa prérogative sociale, a reçu le nom métaphorique de *mort civile.*

On connaît cet irrésistible penchant des esprits à prêter à l'idée ce qui n'appartient qu'à l'expression, et à réaliser les métaphores et les images.

Arracher un homme de la maison d'un autre, c'est faire injure à celui-ci ; appelez métaphoriquement les temples *maisons de Dieu*, et le droit prétendu d'asile est établi.

Un orateur qui voulait rendre sensibles quelques-uns des rapports d'une colonie à sa métropole, s'avisa sans doute d'appeler celle-ci *mère-patrie ;* ce rapport d'analogie inexact à tant d'égards, cet ornement extérieur de l'idée devint bientôt partie intégrante de l'idée ; et sur la foi d'une métaphore, cette filiation prétendue devint la source d'où l'on fit découler les devoirs qui lient les colonies aux métropoles.

Telle est la force de ce penchant de l'esprit humain, qu'il va souvent jusqu'à l'entraîner à établir sur des métaphores et des images des droits qui se fondent d'eux-mêmes sur les meilleures raisons. « Les juges, dit Blackstone, sont » des miroirs dans lesquels l'image du roi est réfléchie. — Et » c'est là-dessus qu'il édifie la prérogative judiciaire.

L'*euphémisme* est utile aux lois, et lui prête quelquefois ses voiles. Un court divorce entre époux n'était point appelé par la loi romaine *divortium*, mais *frigusculum*.

Un euphémisme né d'un heureux progrès nous fait considérer le chef suprême de l'état comme incapable de vouloir, de faire ou d'ordonner le mal.

Les tropes empruntés au langage ne sont jamais *fictions* que par abus de doctrine; les autres, quand la loi s'en sert, deviennent réellement des fictions. Alors le trope est le moyen, la fiction la fin.

L'euphémisme, par exemple, n'est pas dans la loi une simple façon de s'exprimer. La loi est conséquente à ses euphémismes, ce sont donc des fictions. De ce que la loi romaine, par exemple, appelait *honoraires* et non *salaires* le prix du travail du géomètre, il suit qu'on ne pouvait l'actionner *ex locato*. C'était une action particulière donnée par le préteur.

Voilà quelques exemples; ils suffiront pour marquer les principaux rapports des tropes aux fictions; le reste appartient à la grammaire du droit, sujet important dont la seconde partie offrira l'esquisse.

C'est contre ces inconvénients et contre ces abus que des règles-maximes ont été établies. Il est de notre sujet d'exposer ici les plus importantes de ces règles.

Nunquam fictio sine lege... (Sirey, 1829, 1 p. 78.)

Fictio est legis, non hominis... (Hauteserre.)

Fictio est remedium juris civilis; meritò igitur huic locus non est, nisi in his quæ sunt juris civilis. (Hauteserre.)

L'utilité générale des hommes ne saurait être sacrifiée à cette vérité, qui elle-même tire tout son prix des avantages qu'elle apporte aux hommes. Des idées plus rigides n'appartiennent pas au droit, mais à la morale qui tend à la perfection humaine.

Il résulte que c'est au législateur, seul organe de l'utilité sociale, qu'appartient le droit de *feindre* toutes les fois que la fiction lui ouvre une route plus facile et plus sûre vers un but utile et légitime. Si on est forcé de reconnaître des fictions de doctrine (nous en avons donné des exemples), il ne faut point oublier que ces fictions tirent leur force ou du silence de la loi qui les laisse régner, ou de leur conformité à l'esprit de cette même loi. Dumoulin (t. I, p. 27, p. 75) discute cette question : *An fictio à lege tantùm induci possit.*

« Le mensonge, a dit Platon (*de Repub.* lib. 3, p. 611,
» ed. Wechel), est utile aux hommes, mais comme un remè-
» de... il n'appartient qu'aux médecins publics de le mettre en
» usage. Les particuliers doivent s'en abstenir; c'est donc aux
» souverains qu'il est permis de mentir, ou à cause des ennemis,
» ou à cause des citoyens, et cela pour le bien public, tous les
» autres sont exclus de ce privilége. »

La fiction appartient tout entière à la loi ; elle peut donc l'organiser et en étendre ou resserrer les limites. Après avoir fait, par exemple, un fils par l'adoption, elle peut, bornant là cette fiction, et sans encourir le reproche de lui être infidèle, déclarer que ce fils ne servira point à l'exemption de la tutelle. (L. 2, ff *de vacat et excus mun.*

Il y a des maximes qui énoncent les conditions de ce pouvoir de feindre : *fictio inducitur à lege, suadente æquitate.* (Menochius.)

In fictione juris semper substitit æquitas... (Blackstone.)

« Ces fictions de la loi, dit ce jurisconsulte, quelque éton-
» nantes qu'elles paraissent, sont néanmoins, en les regardant
» de près, de la plus grande utilité, particulièrement en ce qu'on
» observe toujours inviolablement la maxime : *In fictione*
» *juris, etc.* L'effet qu'elles doivent produire est d'empêcher un
» malheur, ou de remédier à des inconvénients qui résulteraient
» de la règle générale de la loi. »

Ainsi, c'est dans l'essence même des fictions, comme dans une sorte de forteresse, que les jurisconsultes ont placé la justice, tant ils ont craint que cette arme terrible ne fût tournée contre elle

Les fictions naissent de la loi, et non la loi des fictions. !

Quand le législateur prélude au grand œuvre de la loi (exceptez la loi secondaire) par la recherche des rapports dont elle jaillit, il est placé au-dessus de toutes les fictions de droit civil. Croirait-on que c'est sur une fiction, sur la continuité, l'identité du défunt et de son héritier, qu'un jurisconsulte célèbre (Code Frédérick, part. II.) a fondé le droit de succession? « Comme ils ne font qu'une même personne, dit-il, l'héritier » doit continuer à jouir du droit de propriété du défunt. » C'était donner pour base à l'institution une fiction qui n'a pu naître que de l'institution même, tandis que la base vraie était là tout près, l'affection présumée du défunt.

Si la fiction est l'œuvre des lois, le remède du droit civil, elle ne pourra être transportée ni d'un droit dans un autre droit, ni d'un état dans un autre état.

On sait que, pour alléger le navire en péril, il faut quelquefois jeter des marchandises à la mer; or, les nègres étaient marchandise; qui eût osé écrire ou prononcer la conséquence, et opposer au droit de la nature une fiction de droit civil?

Vatel établit sur la fiction *Postliminii*, prise au droit romain, le droit qu'ont les villes et les personnes reprises sur l'ennemi, d'être réintégrées dans leur premier état; c'est fonder sur une fiction de droit civil un devoir émané du droit politique.

Grotius dit que chacun peut tuer l'ennemi de son chef, les ennemis étant regardés comme s'ils n'étaient pas de véritables personnes, *pro nullis habentur!* c'est jeter dans le droit des gens une fiction, et une fiction rigoureuse de droit civil.

Fille de la loi sociale, la fiction se borne, comme celle-ci, au peuple qui l'a consentie ou reçue. Ainsi, c'est vainement qu'on dirait, pour conserver son autorité à un jugement rendu à l'étranger : « Les jugements tirent toute leur force du contrat qui » se forme entre les parties, etc.; » on répondrait que ce qui est appelé en droit *contrat judiciaire* n'est autre chose qu'une fiction de la loi; que l'effet de ce contrat se renferme donc essentiellement dans le territoire de la loi civile qui l'a produit. « Le droit civil

» d'un état ne peut pas étendre à un autre état une fiction qui » est son ouvrage et qui n'existerait pas sans lui. » — (M. Merlin, Répert., v° *Loi*, § 6, n. 5.)

Que chaque droit, que chaque état retienne donc les fictions qui lui sont propres.

Œuvre des lois, la fiction doit en général rester dans la loi, et ne pas se jeter, pour ainsi dire, au milieu des accords des particuliers. Les fictions et tropes de la loi ne passent pas dans les conventions, surtout pour accroître les charges. (Voy. Répert., v° *Indice.*) En matière de conditions, on ne fait pas d'extension du cas de la mort naturelle, qui est exprimé, à celui de la mort civile qui est omis. (Furgole, *Testam.*, t. 2. p. 260.) Le créancier d'une rente viagère est frappé de mort civile ; le débiteur ne pourra sans doute s'armer de cette fiction, et lui dire : « La rente » est éteinte.» C'est que les fictions sont de droit civil, et les accords de droit naturel. On ne peut mettre les fictions de la loi à la place du silence des parties, ni présumer qu'elles aient eu, sans les exprimer, des idées contraires à la nature des choses et à la vérité.

Œuvre des lois, la fiction ne peut être vaine et impuissante, et, une fois émise et introduite, c'est la vérité même; elle en a la puissance et les effets dans tous les cas pour lesquels elle a été introduite : *Fictio est contra veritatem, sed pro veritate habetur. Tantùm operatur fictio in casu ficto, quantùm veritas in casu vero.* (Répert., v° *Bannissement*, § 3; v° *Subrogation*, sect. 2. — D'Aguesseau, lettre 142.)

Ainsi la possession feinte sert aussi bien pour prescrire que la possession réelle. — *Vera possessio ea quæ legis commento transfertur.* Voyez Répert., v° *Prescription*, sect. 1, § 5, int. 5.

Mais si la possession feinte, par exemple, celle de l'héritier en vertu de la seule fiction *le mort saisit le vif*, se trouve en présence de la possession réelle d'un tiers qui détient depuis an et jour, celle-ci l'emportera. *Debet veritas fortior esse fictione.* La

Peyrère, p. 505, 507.—L'orateur du gouv. sur l'art. 179 du c. c.)

Si la fiction est l'œuvre de la loi, elle sera circonscrite dans ce qu'a voulu la loi, dans son objet. Toute fiction s'explique et se limite par son objet et son but : *Fictio non operatur ultra casum fictionis.* (Voy. Répert., v° *Retrait lign.* Pothier, *Traité des Retraits*, n. 150.

Ainsi, à côté de ce principe qui place la fiction au rang de la vérité même, est celui qui la restreint au cas pour lequel le législateur l'a faite. « De ce que le législateur a introduit une fic-
» tion dans un cas, il ne s'ensuit pas, dit M. Merlin, qu'il l'ait
» introduite dans les autres. »

A ce principe se rallient tous les autres; si la fiction ne peut sortir de son objet, à plus forte raison du droit auquel elle appartient. Cette règle, la plus générale et la plus sûre, renferme toutes les autres.

Fictiones non sunt perpetuæ... postquàm casus in re fictâ contigit redit res ad suam naturam... (Mornac, sur la loi 15, ff. *de Adopt. et Emancip. Fictio cessat ubi veritas locum habere potest.* (Barbosa).

Il est clair que l'objet de la fiction une fois rempli, le retour à la vérité et au droit commun se fait aussitôt et de plein droit

Fictio non extenditur de re ad rem, de personâ ad personam, de casu ad casum.

Cette règle peut tromper si elle n'est expliquée par celles qui ont été exposées, et ne leur reste subordonnée. Elle est fautive à l'égard surtout de la classe nombreuse des fictions de doctrine.

L'ambassadeur est censé hors du territoire de l'état qui l'admet. Cette fiction s'étend de la personne de l'ambassadeur aux personnes de sa suite, de celles-ci à son hôtel, de son hôtel à ses carrosses, équipages, etc., parce que toutes les raisons mères en quelque sorte de la fiction qui seule garantit cette indépendance nécessaire à ses fonctions, concourent aussi à assurer la franchise de son hôtel; et elle s'étendra des personnes aux choses puisque les raisons qui parlent pour les personnes militent aussi pour les choses. Dans les fictions de doctrine, l'analogie est l'arbitre des extensions.

Cette analogie, ou plutôt l'objet bien connu des fictions, est le seul principe des extensions qu'on leur donne, ou des restrictions qu'elles reçoivent. Le frein des fictions n'est pas dans ces principes vagues, mais dans la connaissance approfondie de leur objet. Si l'on argumentait de la fiction précédente pour donner à l'ambassadeur le droit de recéler un criminel public, le droit d'infliger, dans son hôtel, la peine de mort, etc., qui ne répondra sur-le-champ que la fiction instituée pour assurer aux souverains l'avantage réciproque d'une correspondance utile, ne doit pas tourner à la destruction de leur autorité, à la ruine des priviléges qui sont l'apanage de la souveraineté ou du domaine éminent; et que cette fiction, destinée à mieux exprimer les droits nécessaires au succès de son ambassade, ne saurait lui en donner d'étrangers à l'ambassade, etc.?

Fictio fictionis non datur... (La Glose... Godefroy, sur la loi 12, § 2, ff. de Mand.) *Duæ fictiones circa idem concurrere non possunt.* (Ménochius). Règles obscures, souvent fautives. Et pourquoi ce concours de fictions n'aurait-il pas lieu, toutes les fois que c'est l'utilité commune et l'équité qui les appellent à régir à la fois la même matière?

« La règle qui défend toute admission simultanée de deux fic-
» tions n'existe, dit M. Merlin, Répert. (v°. *Rapp. à succ.*, § 5),
» que dans les écrits de certains docteurs; mais en général c'est le
» caractère d'une subtilité excessive, à éviter surtout dans les ma-
» tières qui tiennent à la simple équité. »

Voy. Dumoulin, t. 3, p. 299, n. 84. La Peyrère, p. 85, n. 8. Dans le cas où le posthume non encore né succède par représentation, on feint 1° qu'il est déjà né; 2° qu'il représente. D'autres exemples montreraient encore, s'il était besoin, le concours valable et très utile de plusieurs fictions.

Mais que dire de ces règles qui veulent que les fictions ne soient que des copies de je ne sais quelle nature vague et indéfinie?

Fictio juris imitatur naturam ... (Alteserra. tract. 1 c,. I.)

Fictio potest tantùm naturam imitari, non destruere. (L. 16, ff. *Pro Socio.*)

La fiction doit être une imitation de la vérité. (Cochin, t. 5, p. 491, édit. in-octav.)

La fiction ne peut avoir plus d'effet que la vérité, pourquoi? pour que l'ombre et l'image ne fassent pas à la nature l'injure de l'obscurcir. *Ne imagine naturæ veritas adumbretur.* (Répert., v° *Propre.* sect. 7. V° *Légitime*, sect. 7 et 8, § 2, art. 1, quest. 1 et 4. D'Aguesseau 47e plaid.)

Règle célèbre; nulle ne fut plus invoquée, plus répétée. On la doit examiner de près. C'est surtout au législateur qu'elle s'adresse.

Il faut affranchir l'exercice légal du droit de feindre de tout précepte vague. Ici, maîtresse absolue des essences, la loi n'a de règle absolue que le plus grand bien commun, constamment lié à la justice. Le système contraire, prêtant une sorte de réalité aux fictions, impliquerait contradiction. Elles ne seraient plus des fictions, si elles avaient, hors des lois, des modèles antérieurs à ces mêmes lois.

Que si l'on dit qu'il est une sorte de vérité universelle qu'elles doivent respecter même dans leurs plus grands écarts; on répond qu'un précepte, s'il peut être sublime, doit être avant tout intelligible; que l'établissement social n'est pas un temple élevé à la vérité, mais à l'utilité commune, qui est la justice.

On a droit de demander s'il y a des fictions dans la nature, pour qu'on doive l'imiter quand on feint. Est-ce pour imiter le jour de la nature, que le jour de la loi (jour civil) comprend la moitié de la nuit? Que si le précepte se borne à prescrire de prendre les idées élémentaires dont on compose les fictions, parmi les idées fournies par les objets que renferme la nature, c'est ne rien dire du tout. Ce que la nécessité suggère ne fut jamais l'objet d'un précepte ou d'une loi.

Si l'on médite ce précepte, on voit ce qu'il produit. Le législateur, distrait de son but, asservit sa marche non pas à la nature, mais à de pures dénominations.

Ce qu'il importe, ce n'est pas que l'adoption, par exemple, soit la fidèle image de la nature (*est æmula naturæ, seu naturæ imago* l. 25, ff. *de Lib. et Posth.*); mais qu'elle puisse contribuer efficacement au bien commun par le bien de deux ou trois êtres qui y concourent; à moins qu'on prouve d'abord qu'il faut, pour remplir ce but, qu'elle soit la fidèle image de la nature.

Ce qu'il importe, ce n'est pas que la mort civile représente exactement, dans l'ordre civil, le phénomène de mort physique dont on emprunte le nom; mais que l'homme mort civilement n'ait plus à la protection de la loi et aux avantages de l'état social que la part précise que l'intérêt commun défend de lui ôter.

Cependant, sur la foi du précepte, on chercha le plus souvent, non ce qui convient à la société, mais à l'imitation. La mort civile dut suivre, dans l'ordre civil une chaîne d'effets analogues à ceux que produit la mort naturelle. Sans cesse on déplaça la question. On ne vit plus les rapports vrais du condamné à la société qu'à travers la nécessité prétendue d'organiser la mort civile sur le plan de la mort naturelle. S'agit-il de décider si la mort civile doit être perpétuelle? point de doute. L'arrêt de la nature n'est-il pas irrévocable? (Voy. M. Tronchet, discussion du Code civil. D'Aguesseau, lettre 142.)

« Comme dans le cas de mort naturelle personne ne meurt » pour un temps, il répugne dans celui de la mort civile, où la » fiction doit imiter la nature autant qu'il est possible, de sup- » poser qu'un homme ne soit mort civilement que pour un temps, » et qu'il ressuscite en quelque manière, après l'expiration de ce » temps, pour recouvrer de nouveau la vie civile qu'il avait » perdue, et rentrer dans l'ordre des citoyens. » La véritable raison que ce grand magistrat finit par déduire est que les condamnations, comme tout ce qui fixe l'état des hommes, *neque diem neque conditionem recipiunt.*

La loi française énumère et détermine les effets dont l'ensemble est appelé par elle mort civile. Ce n'est plus qu'une expression collective métaphorique.

Si l'on ne peut être adopté par plusieurs (si ce n'est deux époux), est-ce, comme on l'a dit gravement, pour ne pas s'écarter de l'exemple de la nature qui ne nous donne pas plusieurs pères? non; mais pour que la tendresse paternelle, ne se divisant pas, l'adoption accomplisse ses effets avec plus d'énergie. Voilà la raison digne de la loi, dans un siècle qui n'est plus le siècle des causes occultes.

Il faut conclure que, dans les fictions imitatives (car la règle prétendue générale ne peut concerner que cette espèce), ce qu'il importe, ce n'est pas la recherche d'une vaine ressemblance à la nature, ni le soin de se conformer à une dénomination, mais l'utilité sociale et le but qu'on s'est proposé.

Ces réflexions achèveront de prouver avec quelle attention il faut se tenir en garde contre ce penchant de l'esprit humain à ériger si promptement en maximes impérieuses les résultats les plus indigestes, les observations les plus bornées, et combien sont insuffisantes et dangereuses ces règles antérieures aux classifications dont elles doivent émaner pour jouir d'un empire légitime.

Telles sont les principales maximes sur les maximes fictions; elles devaient faire l'objet d'un examen spécial, sans lequel le cadre des maximes sur les maximes fût resté incomplet. Plus de développements appartiendraient à un traité desfictions.

CHAPITRE XII.

Concours, combinaison ou collision des maximes.

Jusqu'à ce moment nous avons raisonné dans la supposition tacite qu'à l'espèce donnée, à la question posée répondait une seule maxime ; mais l'esprit qui cherche la solution a pu en rencontrer plusieurs : plusieurs ont pu s'offrir à la fois à son hésitation, souvent pour l'accroître, au lieu de la faire cesser.

C'est cette position plus difficile qu'il importe d'examiner.

Ou ces règles différentes, groupées autour de la question ou de l'espèce concourent à une même et unique décision, et alors nulle difficulté ; il y a concours, harmonie ; diverses règles répondent aux diverses faces de la question ; mais leurs rayons convergent pour faire ressortir et briller une solution identique[1] ;

Ou ces maximes différentes, loin de concourir à résoudre identiquement le point controversé, conduisent à des résultats divergents, et quelquefois à autant de solutions qu'il y a de maximes. De ce conflit naissent les plus hautes difficultés de la

[1] Soit posée la question suivante :

« Le vendeur d'une machine à vapeur, avec réserve de la reprendre faute de » paiement du prix, peut-il encore user de ce droit lorsque cette machine a été » incorporée par l'acheteur à un immeuble, et par lui hypothéquée spécialement » à un tiers avec cet immeuble ? » (Cour royale de Paris, juillet 1833.)

L'affirmative est proclamée à la fois par plusieurs maximes.

Res inter alios acta alii nec prodesse nec nocere solet.

Nemo plus juris in alium transferre potest quàm ipse habet.

C'est sur ces maximes que repose l'arrêt qui consacre l'affirmative, et décide que l'acheteur qui a hypothéqué sans le concours du vendeur l'immeuble et la machine incorporée, n'a pu porter atteinte aux conventions, ni conférer au créancier plus de droit qu'il n'en avait à la machine. On trouve à chaque pas des exemples de ce concours.

jurisprudence; tout procès sérieux offre de telles collisions de maximes, vrai nœud du litige, qu'à défaut de pouvoir dénouer il faut savoir trancher. Ce qui rend cette cause difficile, disait d'Aguesseau (53e pl.), c'est le combat et l'opposition des maximes.

Étudions d'abord la position la plus facile, celle du simple concours.

Le luxe n'est pas toujours richesse. Écartez les maximes qui ne jettent qu'une lumière faible ou douteuse.

Une règle commune au concours et au conflit des maximes, c'est que l'on doit préférer les plus spéciales aux plus générales, les plus voisines de l'espèce aux plus éloignées.

L'autorité de la règle est le plus souvent en raison inverse de sa généralité; elle est d'autant plus puissante qu'elle est plus voisine, plus appropriée, plus faite pour le cas donné.

Soit la question suivante (si tant est que ce soit une question) : « Peut-on diviser les dispositions simultanées d'une même per- » sonne, accepter celles qui sont favorables, et rejeter celles » qui sont onéreuses? »

Mille fois non, sans doute, répondent à la fois les organes de l'équité, des maximes connues :

Qui sentit commodum sentire debet onus. (Toullier, t. V, n° 577; et Merlin, *Question de Droit*, t. IX, p. 51.)

On ne peut jouir des profits sans supporter les charges.

Ex quâ personâ lucrum capit, ejus factum præstare tenetur. (L. 149, ff. *de Reg. jur.*)

Il faut accomplir en tout la volonté dont on profite. Cette règle peut en effet, par identité de raison, s'étendre de l'héritier au légataire.

Il est évident que cette dernière maxime, plus spéciale, plus rapprochée du sujet, parlera plus haut et avec plus d'autorité que la maxime plus générale qui précède, et qu'elle devra être citée de préférence.

Quelquefois il n'y a pas lieu à préférence; les diverses maximes, réveillées par la question, marchent toutes sur la même ligne, et ce n'est pas de l'une d'elles seulement, mais de leur *combinaison*, que sort la solution. C'est qu'il y a des sujets placés en quelque sorte sur les confins de plusieurs adages.

Mais, au lieu de ce concours, de cette convergence de règles-maximes, si favorable aux solutions sûres et promptes, il y a le plus souvent entre les maximes que la question évoque conflit et collision.

Il faut dire d'abord que cette collision n'est pas réelle :

Nunquàm in regulis juris antinomia.

Antinomie et règles de droit s'excluent.

L'antinomie est propre au droit positif; le législateur distrait ou oublieux a pu porter en divers temps, insérer dans ses lois ou ses codes des dispositions contraires, des textes qui se combattent; mais il n'en est pas ainsi, si l'on excepte ces règles secondaires qui ne sont elles-mêmes que le reflet du droit positif, des maximes proprement dites; expressions de la nature des choses, elles n'en comportent pas. Tirées chacune d'un ordre de choses distinct, il faudrait, pour qu'il y eût antinomie, que les faits constitutifs fussent et ne fussent pas, eussent en même temps des qualités contraires.

Mais l'esprit n'en rencontre pas moins, dans ces antinomies apparentes, des difficultés sérieuses, bien qu'elles soient dues moins à la nature des choses qu'à l'imperfection des langues, qui ne permet pas de délimiter toujours avec des mots, d'une manière précise, le domaine de chaque maxime née d'états voisins ou connexes.

Il s'agit de reconnaître et de marquer ces limites, de discuter les titres des maximes rivales, de décliner les unes, de s'arrêter aux autres, d'arriver enfin à la maxime vraiment compétente et faite pour régir l'espèce.

La marche de l'esprit vers ce but, souvent difficile à atteindre, semble pouvoir être éclairée par quelques observations générales.

Les unes se rapporteraient aux moyens de trouver et fixer le vrai sens et la portée des règles-maximes.

Les autres assigneraient des motifs de préférence entre celles dont le sens n'est pas douteux.

Ce qui conduit le plus sûrement au vrai sens de la maxime, c'est l'histoire analytique de la maxime.

Cette histoire embrasse celle de son origine ou formation, de ses diverses phases, des idées que le temps y a jointes, de celles qu'il en a détachées; en d'autres termes, des modifications que le mouvement social a pu apporter au sens primitif, afin que la maxime ne cessât d'être un instrument utile et approprié.

Il est plus ou moins difficile de remonter aux sources des maximes.

Les maximes fournies par l'école, le barreau, offrent rarement des traces sensibles de leur formation. On arrive, à l'égard de quelques-unes, aux jurisconsultes qui les ont formulées et livrées à la science.

Il y a plus de ressources quand il s'agit des maximes que nous devons au Droit romain.

La tâche est facile quand la règle est écrite textuellement dans une loi romaine, ainsi que la maxime : *Noxa caput sequitur;* plus difficile quand elle est, par voie de rapprochement et de combinaison, tirée de plusieurs textes, comme la maxime : *Cùm de evictione, etc.*

Dans l'un et l'autre cas, il s'agit de ramener la maxime aux textes dépositaires ou générateurs, uns ou multiples.

La maxime ainsi dégénéralisée, replacée au sein des textes qui l'ont produite, près des espèces qui l'ont suggérée, d'abstraite devenue concrète, subit le travail d'une seconde formation : ses titres et sa portée se vérifient.

On est heureux de se trouver ici d'accord avec M. Merlin. (Répert., v° *Règles de Droit.*)

« Le praticien, dit ce grand jurisconsulte, se regarde comme » l'esclave d'une règle de droit ; c'est pour lui un oracle uni- » versel, et il l'applique indistinctement à tous les cas.

» Le jurisconsulte au contraire analyse la règle ; il compare » l'espèce dont ses prédécesseurs l'ont formée avec celle qui » l'occupe, et, par ce rapprochement, il juge s'il doit la rejeter » ou en faire la base de la décision qu'il a à porter.

» Pour le vrai jurisconsulte, la règle de droit est d'un très- » grand secours ; il n'en abuse jamais ; jamais elle ne le trompe, » parce que, même dans les circonstances auxquelles il ne peut » l'appliquer, l'analyse qu'il fait des dispositions dont elle dé- » rive, le conduit naturellement à la découverte du principe » particulier dont il a besoin. »

Cette étude donnera lieu à cette remarque générale que les maximes au Digeste ne sont le plus souvent que des propositions inspirées par l'espèce, rarement émises dans la vue de poser une règle générale faite pour en être détachée.

Plusieurs de ces énoncés ont paru dignes d'être généralisés, et ont dû s'étendre à beaucoup d'autres cas que leurs auteurs, sans doute, n'avaient point en vue.

Mais ces généralisations, ces extensions ont souvent reçu la sanction du temps ; elles sont consacrées ; et si l'intelligence des sources est précieuse, cette étude, pour ne pas égarer, doit chercher son complément dans celle de ces mêmes extensions et des modifications apportées par les diverses phases de la société civile.

Cette histoire réveillera celle des règles limitrophes, connexes, exceptionnelles, *etc.*, et l'on restera convaincu que nulle règle n'est *isolée*, que toutes font partie d'un système dont l'intelligence est nécessaire à l'intelligence particulière de la maxime.

Ces principes ne suffiront pas toujours, et l'esprit devra souvent recourir, dans ces cas si fréquents de collision, à d'autres règles qu'on peut appeler *règles de préférence*.

Toutes les maximes n'ont pas, dans le droit général, le même rang, le même degré de puissance; il règne entre elles une sorte de subordination résultant de leur nature et de leur objet.

Sunt jura alia aliis potentiora. (Dantoine, p. 4.)

Parmi les droits, il en est de plus ou moins puissants.

Dans le cas de conflit, préférez la maxime sur la sûreté à la maxime sur l'égalité; la maxime qui garantit la personne à celle qui assure la propriété des biens.

Les maximes de l'ordre politique ou moral dominent essentiellement les maximes du système financier.

Des voiles de tissus divers dérobent souvent à nos faibles yeux le rang et la hiérarchie des obligations humaines et des maximes qui s'y rapportent.

« Il y a, dit M. Lanjuinais (Cons., t. 1, p. 49-52), des » moments cruels où les devoirs sont réellement en *collision*, » où le plus honnête citoyen n'est tenu que d'opter pour le de- » voir qui lui paraît le plus impérieux devant Dieu et devant » les hommes. »

Une maxime consacrant, une simple *faculté* le cédera à la maxime *prohibitive*.

Aux maximes qui tendent à procurer un gain, préférez celles qui ont pour objet d'éviter, prévenir une perte menaçante, ou de réparer une perte accomplie.

Le droit de la dot est plus fort que celui du douaire; car :

Nullum sine dote matrimonium.

Jus substitutionis potentius est jure accrescendi. (Pothier.)

Le droit de substitution est plus fort que le droit d'accroissement.

Jus quæsitum fortius est quàm jus quærendum. (Barbosa.)

Voilà quelques exemples; d'autres s'offriront dans tout le droit.

CHAPITRE XIII.

Les maximes et le progrès.

Il est temps de mettre les règles-maximes en présence de cette loi du progrès qui entraîne les peuples dans des voies meilleures, en les rendant de plus en plus aptes à atteindre toutes les fins de l'association.

Vues sous ce rapport, les règles-maximes seront à la fois obstacles et instruments utiles.

« Comment est-il arrivé, s'écrie un philosophe, que la science » du droit, la plus utile, la plus pressante à perfectionner, ait » été jusqu'ici celle qui a le moins participé aux progrès de nos » connaissances ! »

C'est que, sans doute, la science du droit s'est tenue trop isolée de ces mêmes connaissances qui ont progressé sans elle; c'est qu'elle trouve un obstacle dans la lenteur, la difficulté et le vaste danger des expériences; c'est qu'elle heurte en son chemin non de simples idées, mais des intérêts, des mœurs, traduits en adages, en maximes.

Celles-ci sont les organes nés de la résistance : c'est à la condition de résister et de durer qu'elles peuvent régir. La confiance en leur durée,est un des éléments de leur autorité. Elles semblent avoir inscrit aussi pour devise · *Je maintiendrai.* L'examen glisse longtemps sans prise sur ces hautes colonnes intellectuelles ; minées enfin par le temps et la raison, sapées dans leur base, c'est encore ce vieux respect qu'inspire tout ce qui a duré et régné, qui les couvre et les tient encore debout, comme pour donner le temps d'étayer l'édifice qu'elles soutenaient, avant de lui appliquer de nouveaux appuis préparés de longue main et en silence.

Ces nouveaux soutiens seront le plus souvent des maximes élaborées elles-mêmes par le progrès; les maximes deviennent donc dans ses mains des instruments utiles; tout ce qui les rendait éminemment propres à la résistance, les rend aptes à servir et fixer le progrès. (*Voy.* Discours préliminaire.)

La lenteur de son accomplissement sera le gage de sa persistance; si l'on examine les diverses améliorations que le temps et la marche des idées ont introduites ou peuvent introduire dans le système des règles-maximes, on pourra se convaincre qu'elles peuvent se rapporter à ces trois catégories : épurer, raviver par de nouvelles applications, enfin compléter.

Les efforts du jurisconsulte doivent tendre à effacer du cadre des maximes secondaires, pour les reléguer dans le domaine de l'histoire,

1° Les maximes inharmoniques à l'état social actuel;

2° Les maximes diversement comprises qui ont allumé des controverses non encore éteintes, qui font ainsi faute à leur destination, qui est de terminer les controverses;

3° Les maximes envahies ou presque dépassées par les exceptions;

4° Les maximes qui ne rachètent pas par un grand sens la barbarie ou la trivialité de leur style. Exemple : *Expressum facit cessare tacitum.*

5° Les maximes redondantes; et quant aux maximes à variantes nombreuses, il s'agit de réduire à une seule formule les formules diverses sous lesquelles une même règle se produit.

C'est la formule qui fixe la maxime et la met au monde. La précision de l'idée est consacrée par la concision du style : c'est dire que l'ellipse en sera l'élément essentiel; l'ellipse est une exigence de l'esprit et de la mémoire. Le contact des idées est plus immédiat, les rapports plus à nu ; la mémoire y trouve son compte, et n'a rien à oublier quand l'expression n'a rien de trop. (*Voy.* Discours préliminaire.)

....

SECOND LIVRE.

DE LA CLASSIFICATION DES MAXIMES. RECHERCHE ET EXPOSITION DES PRINCIPES QUI DOIVENT Y PRÉSIDER.

CHAPITRE PREMIER.

Idée générale de la classification.

Nées du même besoin, celui de discipliner les espèces; tendant à la même fin, l'ordre et le bien-être de la société civile; émanant de la même source, la raison humaine attentive à tous les rapports essentiels, les règles-maximes forment en réalité une vaste famille.

C'est là la vérité qu'il importerait de faire ressortir dans une classification, en établissant leur filiation, les degrés de leur parenté ou alliance; tout conflit cesserait. L'adage mis et retenu à sa place vaudrait tout son prix. On répète malgré soi les paroles de Vauvenargues : « Trop faibles pour rapprocher ces » maximes, nous les opposons les unes aux autres. »

Les avantages qu'on retirerait d'une vraie classification qui serait autre chose qu'une juxta-position, méritent bien qu'on se livre à des tentatives sérieuses.

Diviser les maximes comme le droit, c'est encore le droit, ce

[1] Il sera utile de jeter ici les yeux sur le tableau synoptique placé à la suite de la table des chapitres.

n'est pas classer. C'est au droit à se rallier ici autour des maximes, et non aux maximes à se noyer dans le droit.

Il faut aspirer à une méthode naturelle, fournie par la nature et l'office intime des maximes.

On remarquera d'abord qu'il y a des maximes qui s'occupent des maximes elles-mêmes, de leur définition, de leur bon ou mauvais emploi, etc. Évidemment ces maximes ont droit en quelque sorte au premier rang.

Cette disposition a offert l'avantage de placer en tête la théorie de la maxime, comme un phare dont la lumière se projettera dans tous les sens sur le reste de la classification.

Après cette première division, si on regarde de haut la foule immense des autres maximes, on voit qu'il s'en détache quelques-unes pour s'occuper *des fins* mêmes de la société civile et du droit, tandis que le plus grand nombre restera dans la catégorie subordonnée des maximes consacrées aux *moyens*.

Ainsi des maximes qui marquent le but, des maximes qui semblent fonctionner et marcher pour l'atteindre, cette division paraîtra sans doute utile et naturelle. Il importera éternellement que les maximes qui expriment le but et les fins sociales se détachent nettement de ce fond immense où se pressent les *maximes-moyens*. En tout, c'est la fin qui indique les moyens, et le droit n'a de règles que parce qu'il a un but. La nature de la maxime n'a rien qui ne se prête à cet ordre éminemment rationnel.

Si l'on suit attentivement les maximes-moyens dans les diverses parties de droit qu'elles vivifient, où elles semblent se distribuer comme les nerfs dans le corps humain, on voit que leur tâche diffère; que les unes se retrouvant partout, invoquées dans le droit public comme dans le droit privé, en matière de convention comme en matière de procédure, semblent investies d'une sorte de juridiction générale, à la différence des autres maximes dont l'office plus borné se confine dans certaines matière

Ces premières maximes, que revendiquent à la fois toutes les branches de la science, constituent une division bien distincte, la plus importante de toutes ; elle embrassera en effet toutes les maximes qui se rapportent à la langue, à la logique du droit, aux plus hautes abstractions de l'ontologie, de l'entiologie appliquées à la science du droit, le temps, le lieu, la matière, la forme, les attributs généraux des êtres objets ou sujets du droit, etc. Cette division recevra la dénomination provisoire de *droit-maxime abstrait ou général*, en attendant un nom qui ressemble moins à une périphrase.

Recueillir les adages de cet ordre transcendant, les grouper selon les rapports vrais qui les unissent, les exposer, les étudier à leur place, sera donc la première tâche du droit-maxime.

Cette tâche remplie, ces hautes maximes prélevées pour ainsi dire et traitées à part, il s'occupera des autres maximes ; l'objet de celles-ci sera plus restreint ; plus d'éléments spécifiques entrent dans leur composition. Les actes se spécialisent et prennent un nom ; c'est la loi, la convention, etc. ; ici les maximes distinguent, classent et nomment les divers modes et effets des volontés, les droits, les obligations, leur garantie, leurs fonctions, etc.

Quel nom prendra cette seconde et vaste partie du *droit-maxime ?* Il importe peu, pourvu qu'elle en ait un qui la distingue de la première ; celle-ci offrira le tableau des maximes les plus élevées dans l'échelle des abstractions, les plus riches en éléments généraux de la science ; la seconde se composera des maximes plus nombreuses qui s'occupent du droit lui-même en tant qu'il régit, dispose et sanctionne. On pourrait la distinguer par le nom de *droit-maxime concret*, en attendant une meilleure dénomination.

La masse confuse des maximes qui le composent se partagera en différents ordres, d'après les considérations suivantes :

L'objet du droit est d'assurer les fins de la société civile en assurant les justes effets de la volonté humaine engagée, c'est-à-dire les obligations au profit des *porte-droits*, si l'on peut parler ainsi. On reconnaît en effet que toutes ces maximes se rapportent de près ou de loin aux obligations, aux droits, termes corrélatifs, effets d'une même cause vue sous deux aspects.

Obligations, droits ! partout dans la science ces deux grandes figures devront être placées sur le premier plan ; tout doit être coordonné par rapport à elles ; c'est alors seulement qu'un jour vrai se répandra partout. Toute autre division détournerait sur les moyens l'attention due à la fin.

Le droit n'est une science que parce que tout y aboutit à une idée, l'idée positive d'obligation, vrai nœud de la société civile. Il faut en dire autant des maximes, qui ne sont que les bouches, les organes accrédités du droit.

Il faut bien qu'avant tout l'obligation soit produite, soit créée ; le premier rang sera donc dû aux maximes consacrées aux causes *efficientes* des obligations, qui ont mission de découvrir et de faire connaître les sources d'où elles découlent, les volontés, leur mode d'action, etc. Ces causes, ces sources sont des lois, ou en définitive tiennent lieu de lois. Cette sous-division bien distincte doit encore recevoir un nom, celui, par exemple, de *droit-maxime efficient* [1].

Les obligations une fois formées se détachent de leur cause pour devenir causes elles-mêmes et accomplir l'objet et la fin qu'elles se proposent. Des maximes en présentent les phases diverses, le droit, l'obligation proprement dite, l'immunité (exemption ou libération d'obligation), ou se rapportent aux états divers qui, comme l'état civil par exemple, se composent de tous

[1] Il faudrait pouvoir l'appeler droit-maxime enoxi-gène (enfantant des obligations.) Ces dénominations n'ont au reste d'autre importance que de distinguer les grandes divisions dans lesquelles les maximes se distribuent, et d'éviter de longues périphrases.

ces éléments et offrent à la fois immunités, droits, obligations. Un nom quelconque distinguera cette importante sous-division : comme elle résume tout ce qu'il y a de réel et de positif dans le droit, on l'appellera, en attendant une meilleure dénomination, *droit-maxime-effectif* ou droit-maxime-*obligation*.

Les règles-maximes qui présentent les causes productrices d'obligations, qui, volontés elles-mêmes, lient et délient les volontés humaines, et les règles-maximes qui étudient à part les effets de ces causes, l'obligation active et passive, l'affranchissement d'obligations ou l'immuuité, ces grandes maximes épuisées, on remarquera que celles qui restent se rapportent plus ou moins à cette garantie promise et due à l'obligation, à cette garantie dont l'idée générique contient celle de sanction et celle d'action ou recours aux pouvoirs publics.

La sanction ou garantie de droit embrasse tout ce que l'accord ou la loi ajoute de force à la force naturelle et intrinsèque de l'obligation. Elle se développe comme celle-ci, et la suit à pas fidèles dans les voies directes ou tortueuses qu'elle parcourt. Cet ordre bien distinct des règles-maximes qui se rendent en quelque sorte les principaux organes de cette sanction pourrait prendre le nom de *droit-maxime-sanctionnaire*.

A cette sanction qui n'est que la garantie comminatoire, succède, quand la menace est impuissante, la garantie effective, présente et réelle. Celle-ci apporte un secours présent et efficace à l'obligation méconnue, en changeant le droit menacé, compromis ou lézé en *action judiciaire*, ou en l'armant d'un recours quelconque. Les maximes nombreuses et variées qui composent cet ordre trouveraient difficilement une dénomination bien convenable ; on le désignera par celle de *droit-maxime-garantie*.

Ainsi les obligations étudiées dans leurs causes efficientes, les obligations détachées de leurs causes et vues dans leur nature et leurs phases diverses, les obligations sanctionnées, les obligations pourvues et armées des garanties les plus efficaces que l'institution civile puisse procurer, telles sont les divisions larges dans lesquelles semblent se distribuer d'elles-mêmes la foule de règles qui constituent cette vaste partie du droit-maxime que nous distinguons par la dénomination de droit-maxime-concret par opposition au droit-maxime-abstrait, général, transcendant.

Chacune de ces parties montre en quelque sorte, à découvert, le germe de ses sous-distributions, des classes diverses qui peuvent recevoir les maximes dont elle se forme. On se propose de montrer que le cadre qu'on vient de tracer n'est pas trop resserré, en s'arrêtant principalement au droit-maxime général, peu étudié encore sous ce dernier point de vue.

TITRE II.

Maximes relatives aux fins du droit et de la société civile.

Cet ordre embrassera naturellement les maximes qui exposent les fins même du droit, tout ce qui lui est opposé ou ses antipathies, ses rapports à la législation, aux autres sciences, etc. On trouve dans cette catégorie les maximes suivantes :

Hominum causâ omne jus constitutum. (L. 2, ff. De stat. homin.)

Præfertur commoditas hominum quorum gratiâ leges fiunt. (Dumoulin, *de Divid. et. Indiv.* part. 2, n. 41.

« Il est dans tout le droit une raison qui prédomine, c'est » l'interêt de l'humanité. »

La déduction la plus fidèle, si elle violente cet intérêt, n'est qu'un sophisme que le droit rejette... Dumoulin en donne un exemple, au lieu cité.

Le droit maîtrise le fait... Force n'est pas droit... (Loysel). Le droit ne serait pas le droit s'il ne maîtrisait le fait, s'il ne subjuguait la force. On n'oublie pas ces belles paroles : « Le droit » ne relève pas de la force; la force est une puissance physique; » je ne vois pas, dit Rousseau, quelle moralité peut résulter de » ses effets; les sociétés ont un lien plus fort que la force, le » droit, privilége de l'humanité. »

Il est à remarquer que ce qui frappe avant tout le génie de Bacon, près d'aborder les profondeurs du droit, c'est cette immortelle hostilité entre la force et le droit; c'est le sujet de son premier aphorisme : *In societate civili aut lex aut vis valet*, etc.

S'il est en effet au monde deux choses opposées, c'est la force et le droit; et l'objet du droit-maxime est précisément d'arriver, en distribuant sur notre route les règles consacrées et ces formules fécondes qui embrassent, régissent les faits et les actes, à rendre le droit présent partout, afin que la force ne puisse entrer par aucun côté dans les affaires humaines.

Tout est bien quand la force n'est plus que l'instrument du droit dans la main de l'homme public. Le *Ne privatus sibi ipsi jus dicat* (que nul ne se fasse justice), c'est dans l'état social non-seulement une loi, mais une condition d'existence; les rares exceptions qu'offrira la maxime : *Non videtur vim facere qui jure suo utitur*, viendront elles-mêmes fortifier cette règle fondamentale, puisqu'elles découleront du péril de la demeure, de l'impuissance où l'on se trouve d'invoquer à temps le secours du magistrat : « *Non habui copiam magistratus adeundi.* »

On trouve dans cet ordre de maximes toutes celles qui sont dignes de briller au frontispice de la science.

Il n'y a pas de droit contre le droit.

Le droit préexiste à la législation.

Est autem vis legem simulans.

La violence peut aussi prendre le masque des lois.

Ces maximes de l'école anti-benthamiste résument avec bonheur les maximes qui paraissent offrir le plus de garanties à l'humanité. Si la force est à l'un des pôles du monde moral, il faut que le droit soit à l'autre pôle; le droit est donc aussi ancien que la force; si le droit existe, il faut qu'il préexiste, et il n'a pas dû attendre la venue du législateur, qui ne fait pas la loi, mais qui la porte.

S'il n'y a que le droit et la force, de deux prétendus droits qui marchent rivaux, il en est un qui se déguise; c'est la force cachée sous de légales apparences, cette force hypocrite est la plus dangereuse dans l'état actuel des sociétés. Toullier cite la loi de vendémiaire an IV : « C'est, dit-il, une violence déguisée en loi » qui sévit sur l'innocent aussi bien que sur le coupable. »

C'est à cet ordre qu'appartiennent les maximes propres à assigner les différences qui séparent le droit de ce qui n'est pas droit; par exemple :

Non omne quod licet honestum.

Le droit permet; la morale défend.

Aliter leges, aliter philosophi.

C'est que la morale, la philosophie et le droit diffèrent essentiellement de but de sanction et de moyen; c'est que le droit n'a pas pour objet direct, comme la philosophie, la vérité pure; mais la sécurité, la paix, la facilité, la sûreté des transactions. « La sagacité exercée d'un juge ou d'un avocat dénoue tout de » suite une foule de difficultés qui arrêteraient longtemps un phi- » losophe. » (*Voyez* Bentham, *des Limites qui séparent la morale et la législation.*)

Après ces maximes, qui marquent la séparation, viendraient celles qui expriment les rapports.

Si le droit reste distinct des sciences dont il emprunte le plus, cette distinction n'est pas de l'isolement.

Dans tout le droit, les sciences et les arts sont interrogés, écoutés, admis à préparer l'application des lois; on peut dire qu'ils concourent moralement à l'exercice du pouvoir judiciaire; et ce concours peu remarqué, est l'une des garanties de notre liberté civile.

Peritis in quâcumque arte standum.

La justice s'arrête à l'avis du plus habile dans chaque art.

CHAPITRE III.

Droit-Maxime général, ou Droit-Maxime abstrait, transcendant.

Le caractère des maximes de cet ordre est de régner sur tout le droit, *in toto jure.*

On ne retrouvera ce caractère que dans les maximes qui président à sa langue, à sa logique et à sa métaphysique générale.

Celle-ci embrasse les règles abstraites qui s'appliquent à tout le droit, les idées de temps, de forme, de causalité, etc., ou *l'ontologie;* celles qui se rapportent aux modes et attributs généraux des êtres, sujets, ou objets du droit, ou *l'entiologie*, celles enfin qui contiennent quelques éléments de la notion générale de ces faits, et de ces actes qui tombent dans le domaine du droit, ou la *pragmalogie.*

CHAPITRE IV.

Maximes relatives à la langue du droit.

Le droit, comme toutes les sciences, agit sur la langue générale et s'efforce d'en faire un instrument fidèle. Il est évident que les maximes dépositaires de ces modifications n'appartiennent pas plus à une partie du droit qu'à une autre.

Deux choses occupent et exercent partout la science du droit, la *volonté*, les *signes de la volonté*.

Quæstio in verbis aut in voluntate.

Ces signes sont divers, multipliés, souvent équivoques, incertains, défectueux.

Le langage n'est pas le seul de ces signes. Souvent aussi il ne fait que concourir avec les autres signes à l'émission de la volonté. La valeur, la portée de ces signes, isolés ou combinés, devra donc être étudiée autant que les volontés mêmes. La grammaire du droit formera donc, pour ainsi dire, la moitié du droit; j'entends cette grammaire forte qui s'élève et rencontre la philosophie et la critique, véritable clef d'or, seule puissante à ouvrir devant notre esprit le trésor de cette langue universelle qui embrasse tous les signes et modes d'émission de la volonté humaine.

Ces maximes se distribuent dans les classes suivantes :

Il en est qui expriment des considérations générales sur la langue du droit; plusieurs ont pour office de protéger les mots et l'expression fidèle; d'autres, en plus grand nombre, s'occupent de la subordination des mots aux faits, des mots à la pensée, des termes à la volonté; enfin des maximes se rapportent aux fonctions essentielles des mots dans la langue du droit, aux mots techniques de la science, aux tropes de cette même langue du droit, aux qualités et vices de l'expression.

Quelques maximes feront ressortir l'importance de cette partie :

Plura sunt negotia quàm verba. (Ulpien, l. 4, ff. *de Præscrip.*, verb. 19, 5.

Deficientibus nominibus non deficit actio.

Le droit ne se laisse point resserrer dans les bornes de la langue, et les contrats innommés, les actes sans nom obligent comme les autres, en attendant que la langue leur ait trouvé ou appliqué une dénomination.

Ainsi la première maxime sur la langue a pour office d'en proclamer l'insuffisance, et partant aussi l'imperfection, qui est une insuffisance partielle. De là ces assimilations, ces métaphores, la plupart de ces fictions qui hérissent le droit, l'obscur, l'ambigu; de là cette nécessité trop fréquente où est l'esprit appliqué à la recherche de la volonté vraie, de se placer entre la volonté émise et les signes présumés de l'émission, afin d'en saisir les rapports, en un mot, la nécessité d'interpréter.

La loi régit les choses, et non les mots.

Non nudis verbis, sed ipsis rebus lex legem imposuit... (Dumoulin, *Ex divers. leg.*)

Non ex verbis jus pendet. (Cic.)

Partout le droit s'attache à préserver l'esprit de l'influence des noms que lui-même avait imposés. La loi se soumet trop elle-même à cette influence dans la consécration abusive, directe ou indirecte des termes sacramentels. M. Toullier (t. VIII, n° 236), en donne un exemple : la cour suprême, par son arrêt du 7 août 1815, a cassé l'arrêt d'une cour royale qui avait préféré l'opinion isolée d'un des experts, et ce, pour n'avoir pas déclaré qu'elle se décidait d'après sa propre conviction, comme si la préférence ainsi donnée à l'avis solitaire pouvait être autre chose que l'effet de la conviction! C'était en réalité faire du mot *conviction* un terme sacramentel. Toullier blâme en cela cet arrêt, et dit : « La cour a jugé les mots, et non les choses. » *Verbis, non rebus legem imposuit.*

Rebus novis nova ponenda nomina. (Cicero, *de Nat. rer.*)

Aux choses nouvelles assignez de nouveaux noms.

Comme toute autre science, le droit ne peut s'avancer qu'en se hâtant de mettre sa langue en harmonie avec ses progrès, de fixer par des mots toute vue nouvelle et utile de l'esprit.

Facta sunt potentiora verbis.

Cet adage des canonistes exprime les craintes perpétuelles du droit que l'attention due aux faits ne soit déviée sur les mots. La parole est un interprète moins fidèle de la pensée que le fait, qui est l'exécution même de la pensée ; vérité capitale que reproduiront d'autres maximes. Le plus proche voisin de la volonté, c'est l'acte, a dit Balde... *Facta sunt proximiora quàm nuda vocabula.*

Prior atque potentior est quàm vox mens dicentis. (L. 7, ff. *de Supell. leg.*, 33, 10.)

La volonté de celui qui parle retentit avec plus de puissance que sa parole.

Une foule de maximes proclament à l'envi la subordination absolue de l'expression à la pensée, à la volonté, du signe à la chose signifiée, des mots au sujet et à la matière; le droit fait tout au monde pour que la vérité, et surtout la volonté, n'ait point à souffrir de l'imperfection des signes destinés à sa manifestation, ou de l'ignorance ou de l'erreur de qui les emploie, et, à plus forte raison, du mensonge du langage, suivant l'énergique expression de Dumoulin :

Verborum commento veritas immolari non potest.

Mais il faut se hâter d'ajouter que les mots ne sont jamais présumés mentir; la présomption est que les mots remplissent loyalement leur ministère, que la pensée est fidèlement réfléchie dans le discours, la volonté dans les termes employés à l'émettre.

Nemo existimandus est dixisse quod non mente cogitaverit. (L. 7, ff., *de Supell.leg.*, 33, 10.)

Omne verbum debet de aliquo operari.

Cette présomption règne dans tout le droit, tirer cette conséquence, que la preuve de l'inharmonie entre les mots et la pensée incombe à celui qui l'allègue ; et c'est là une des garanties les plus nécessaires des actes de la vie civile.

Mais il est de l'essence du droit d'admettre, d'inviter même à la preuve contraire ; et quand le désaccord se manifeste avec évidence, il fait tout pour assurer le triomphe de la volonté, de la justice ; il sacrifie la signification des mots, *verba improprïat*, et va jusqu'à faire violence aux termes.

Interdùm vis inferenda litteræ. (Dumoulin.)

Des maximes se rattachent aux différents tropes en droit : de courts exemples en montreront l'importance.

Le *pléonasme* en droit n'est jamais présumé ; le droit ne jette pas de paroles vaines. Toutefois il vaut mieux supposer le pléonasme que l'absurde.

Tolerabilius legem nihil operari quàm ad absurdum deduci. (Dumoulin.)

L'analepsie, gémination de mots ou adjonction de synonymes, emporte ordinairement en droit des effets quelconques.

Verba geminata plùs sonant. (Dumoulin.)

C'est l'expression d'un degré d'énergie de plus dans la volonté : *Indicant voluntatem enixam.*

Verba cùm ponuntur ampliandi gratiâ, uberiùs accipiuntur. (Dumoulin.)

Il est des termes d'ampliation dont l'emploi devient le signal d'une interprétation large et pleine. L'intention marquée d'étendre et d'amplifier l'objet de la volonté enfle et élève en quelque sorte la valeur naturelle des termes : c'est alors une sorte d'emphase. Exemple : Je lègue l'argent à recouvrer, soit qu'il provienne,... soit, *etc.* La particule *soit,* dit Dumoulin, est ici ampliative.

Conjuncta pro disjunctis, etc. (L. 53, ff. *de Verb. signific.*)

Les choses jointes entre elles par un lien grammatical, le droit les tient quelquefois pour séparées, *et vice versâ.*

Ce trope hardi de la langue du droit, c'est le jurisconsulte Paul qui le signale à l'attention, et qui le fait connaître par des exemples bien choisis.

L'obscur, l'ambigu, l'équivoque, le subtil, *etc.*, considérés comme vices de l'expression, sont l'objet de plusieurs maximes.

Subtilitati verborum præferendum quod est benignius.

Il y a subtilité quand l'intelligence, entraînée par la valeur grammaticale de l'expression, la rigueur des déductions, sacrifie ou perd de vue les exigences du sujet, le but et l'esprit général du droit. C'est avec des mots que se forgent ces traits déliés et subtils qui blessent ou tuent l'esprit de l'acte, et font triompher la lettre. La subtilité, considérée comme abus de la logique, devra se reproduire ailleurs.

La parole, quand elle est fixée par l'écriture, donne lieu à quelques règles spéciales.

Credenda est scriptura. Fiunt scripturæ ut quod actum est faciliùs probari possit.

Telle est l'importance et l'éclat des services rendus par l'écriture à la société civile, que l'esprit incline à la prendre pour une des conditions de la validité de la promesse. Le droit français, fidèle aux maximes, a rejeté la doctrine suivant laquelle la convention ne peut se former sans écrit; la consacrer, c'eût été tourner contre les hommes le bienfait de l'écriture et violer le principe immuable de l'obligation humaine, l'émission mutuelle des volontés.

Telle est l'esquisse rapide d'un plan de classification des règles-maximes nombreuses qui composent l'ordre qui nous occupe. On sentira toute l'importance de ces adages et ce qu'il y aurait à gagner à l'étude philosophique de la langue du droit, si l'on songe un moment à tout ce que l'on opère par son secours.

Plures collectivo nomine connexi loco unius habentur.

N'est-ce pas à l'aide des noms collectifs que la langue du droit fixe ces vues fécondes de l'esprit qui rassemblent en une seule identité plusieurs êtres entre lesquels existe un rapport commun, le peuple, une commune, etc., afin de leur attribuer des obligations et des droits?

Il ne faut point oublier que c'est en étudiant les mots qui réfléchissaient à ses yeux la nature des choses, en remontant quelquefois aux étymologies, que l'illustre secte des proculéïens replaça dans la voie du progrès le droit romain, depuis longtemps stationnaire, et que leurs erreurs, redressées plus tard par les Paul, les Ulpien, les Papiniens, tournèrent au profit de la science.

CHAPITRE V.

Maximes qui se rapportent à la logique du droit.

Le droit, à l'exemple des autres sciences, d'un côté emprunte à la logique générale, de l'autre fonde sa logique propre.

Sous un rapport élevé, presque tout en droit ne serait que que de la logique, puisqu'il ne s'agit, en dernière analyse, que d'éclairer, affermir, prémunir la raison des peuples, et de les amener à être et à rester conséquents aux fins de la société civile.

Une première classe rassemblera les maximes que le droit emprunte le plus souvent à la logique commune; M. Merlin a su faire, par exemple, un heureux et fréquent usage du principe de Descartes *Non sunt neganda clara propter quædam obscura*

Les principes et les méthodes, les arguments et les anti-sophismes qui assurent la déduction fidèle des conséquences, c'est sous ce titre que se rangeront les maximes qui constituent la logique propre, laquelle n'est qu'une application raisonnée de la logique générale.

Les principes ne seront qu'une sorte d'épanouissement de la

fin que le droit se propose; ces principes sont partout; il ne s'agit ici que de la source dont ils émanent; c'est, avant tout, la *raison humaine* opérant sur les faits sociaux primitifs ou secondaires; mais l'*autorité*, cette dangereuse rivale de la raison, quoiqu'elle soit présumée n'en être que l'interprète, fournit au droit des principes de *seconde main*, s'il est permis de parler ainsi Telle la législation, l'usage, les précédents, la jurisprudence, etc.

Le droit est donc une science mixte appuyée sur la raison et l'autorité; de là des maximes de raison, des maximes d'autocratie: *Lex domina est*, par exemple.

Le droit a ses méthodes propres, et il fait des méthodes générales l'usage que comportent sa nature et sa fin. Une grande partie du droit gît dans l'enseignement de méthodes appropriées pour arriver aux vérités particulières qui déterminent l'application de la loi ou de la règle. Le plus important n'est pas toujours de poursuivre et d'atteindre le vrai; il est telle vérité dont la recherche troublerait plus qu'elle ne protégerait la société. Souvent aussi il importe de n'arriver à la vérité que par telle ou telle voie: celle, par exemple, qui ne pourrait être connue qu'en écoutant le fils contre le père, la femme contre le mari, etc., le droit la repousse. Ce brocard, qui sonne si mal à tant d'oreilles: *La forme emporte le fond*, exprime ce suprême besoin de méthodes qui soumettent la vérité elle-même à des conditions, celles de n'entrer, si l'on peut parler ainsi, que par la bonne porte, la porte assignée, et de ne s'offrir que sous des formes qui ne blessent pas l'ordre social.

Des jugements d'analogie marquent et éclairent presque tous les pas du législateur, du jurisconsulte, du magistrat; de ce qui s'est fait, l'analogie induit ce qui se fera; d'un fait physique, le fait moral; d'une ou plusieurs circonstances, le caractère de l'action entière: toutes les fois surtout qu'il s'agit de causes libres et de déterminations humaines, le recours à l'analogie est une nécessité de tous les instants.

L'expérience, les conjectures, les hypothèses, les vraisemblances, les probabilités, etc., sont autant de formes que prend l'analogie dans ses divers modes de procéder.

Ex eo quod plerumquè fit... (Cujas.) Le droit se règle sur ce qui se fait le plus ordinairement.

C'est l'analogie qui pose et asseoit cette base large et seule légitime de toute présomption, de toute règle en droit; cette nécessité de la recherche préalable de l'ordinaire, au physique et au moral, constitue avant tout la législation et le droit, sciences d'observation et d'expérience.

L'analogie, qui a tant servi à la confection de la règle, vient présider ensuite à son application; *eadem ratio, idem jus*; l'identité de raison emporte, en matière de droit commun, identité de décision.

L'extension analogique est l'indispensable supplément de toute législation. C'est l'analogie qui, pareille à l'attraction dans le système du monde, attire dans la sphère de la règle tout ce qu'embrasse l'esprit de la règle, et remplit ainsi ce besoin universel de la vie civile de trouver partout la règle pour échapper partout à l'incertitude et à l'arbitraire.

L'analogie en droit embrasse, dans son acception la plus générique, toutes les espèces de rapports qui appellent et retiennent les cas particuliers sous l'empire d'une même règle; elle prend alors, selon ses degrés de proximité, les noms d'*identité*, de *majorité* de *raison*, de *parité*, de *similitude*, de *connexité*, etc.

A chacune de ces faces de l'analogie répondent des maximes importantes.

Il y a des maximes arguments;

Les unes s'expliquent sur l'avantage ou le danger de telle ou telle argumentation, les autres contiennent des arguments tout faits.

Fallit sæpiùs argumentum à contrario;

L'argument *à contrario*, souvent utile, souvent fautif, toujours tel lorsqu'il en résulterait une dérogation au droit commun ou une chose absurde.

La règle : *Qui dicit de uno*, etc., est un argument tout fait, d'une application souvent fautive, souvent utile.

Le droit-maxime est moins fécond en adages-arguments destinés à fonder le droit, à confirmer, qu'en maximes de réfutation, en maximes anti-sophismes destinées à combattre l'erreur, les paralogismes, les anti-droits : *Quàm lubricum est*, s'écrie Dumoulin, *in jure paralogisare !*

Des maximes caractérisent et dénoncent les sophismes les plus dangereux et les plus usités en droit, lesquels malheureusement n'ont été encore ni nommés, ni classés ; tels les sophismes suivants :

Sophisme qui intervertit le but, trahit en quelque sorte la fin, pervertit l'institution :

Inducta ad augendum non efficiunt diminutionem.

Quæ salubriter pro utilitate hominum introducuntur non debent contra ipsorum commodum produci. (Ex. L. 25, ff. *de Leg.*, 1, 3.

Cette maxime, l'une des plus belles, des plus fécondes, le droit romain se plaît à la reproduire sous des formes diverses. Nulle ne protége de plus haut et plus efficacement les intérêts de l'humanité, et tout ce qui est institué ou fait en faveur des hommes, les plus hautes institutions comme le bénéfice des plus humbles accords ; elle répète aux juges : « Regardez la fin de » l'institution ; ce qui, par exemple, a été médité et établi dans » l'intérêt de la minorité, n'allez pas l'observer à son détri- » ment ; » au législateur : « Veillez à ce que les lois ne soient » pas plus pesantes que les maux dont elles doivent nous ga- » rantir : *Ne pluris remedium quàm periculum constet.* »

« C'est un crime irrémissible, disait lord Stafford, de per- » vertir les grandeurs, d'opprimer avec ce qui devait protéger, » de tourner enfin les bienfaits de la patrie contre elle-même. »

Sophisme de subtile déduction.

Il se rattache au précédent : toute subtilité logique n'est en effet que l'oubli ou le sacrifice de la fin principale ou d'un principe supérieur au profit d'une fin ou principe secondaire dont les conséquences nous entraînent et nous aveuglent.

Summum jus, summa injuria.

Multa jure civili contra rationem disputandi recepta sunt.

Ces maximes signalent un des grands périls attachés à l'étude du droit : c'est d'offrir trop d'aliments aux esprits subtils ; c'est là qu'en pressant avec trop de rigueur les conséquences de la vérité, en la traversant en quelque sorte, on arrive à des erreurs souvent ingénieuses, mais toujours funestes, toujours portant atteinte à quelques maximes dont le maintien est d'une plus haute importance pour la société humaine.

Il faut savoir concilier, avec la défense d'être subtil, l'obligation d'être conséquent.

Être conséquent est en droit une obligation commune aux législateurs, aux magistrats, aux jurisconsultes ; c'est l'une des bases du droit commun ; la règle, le principe serait ruiné, si l'on pouvait, arbitrairement ou pour de légers motifs, interrompre ou briser la chaîne des conséquences. Les attentes légitimes seraient trompées, car partout et dans tous les cas la rectitude naturelle à l'esprit humain lui inspire cette confiance qu'on ne s'écartera pas plus des conséquences de la règle que de la règle elle-même.

Mais l'observance de la maxime *Summum jus*, etc., sagement et sainement entendue, n'est elle-même que l'accomplissement de cette obligation générale ; ce qui jette en effet le scrupule et l'hésitation dans l'esprit du magistrat près d'appliquer la règle dans l'une de ses rigoureuses déductions, ce qui fait fléchir dans son esprit les conséquences d'un principe, c'est l'apparition subite, quelquefois nuageuse, d'un autre principe d'un ordre supérieur, qui touche de plus près au but essentiel de la société civile; il s'opère alors une sorte de réfraction morale; la ligne se brise, et l'esprit est en présence d'une règle plus élevée dont il doit admettre les conséquences.

Sophisme d'examen incomplet.

Incivile est, nisi totâ lege perspectâ,.. judicare vel respondere.

Cette maxime anti-sophisme, due au jurisconsulte Celse, est d'une portée supérieure, et plane sur tout ce qui est *œuvre morale*. Cet hommage, ou plutôt cette justice est bien due à l'œuvre de l'homme formant un tout intellectuel et moral, d'être jugée sur l'ensemble, et non sur fragment.

Cavendum està fragmentis. (Bac., aph. 26.)

Défiez-vous de tout ce qui est fragment.

Le danger de scinder, de fragmenter, de juger sur fragment en négligeant l'ensemble, a frappé toutes les fortes têtes qui ont écrit en droit; ils l'ont signalé en même temps qu'ils montraient l'avantage de la règle inverse, de la méthode qui rapproche, confère et combine avant de juger et de répondre. Le vrai sens d'un mot ne ressort souvent que de l'économie d'une loi entière, et le sens de celle-ci de cette grande loi collective qu'on appelle la législation d'un peuple.

Sophisme d'incompatibilité (ineptæ cumulationis).

Plusieurs maximes ont pour objet de prémunir contre l'espèce de sophisme qui consiste à réunir, à cumuler des choses entre lesquelles il y a incompatibilité ou qui impliquent contradiction. *Nulli res sua servit. Duæ causæ lucrativæ, etc.*

Sophismes de disjonction.

L'esprit est souvent dupe d'un sophisme contraire, qui consiste à voir et à traiter isolément les choses qui, sans être identiques ou appartenir à un même tout, demandent à être saisies et retenues par un même regard de l'esprit : les deux termes d'une corrélation, par exemple, le droit et l'obligation, l'avantage et les charges, etc.

Tels sont les principaux sophismes à chacun desquels répond une classe de *maximes-logiques*.

CHAPITRE VI.

Maximes de l'ontologie du droit, ou juri-ontologie.

Après avoir classé ces maximes sur la langue et la logique du droit, la doctrine distribue le reste des maximes de droit général ou abstrait dans les classes suivantes : *ontologie, entiologie, pragmalogie.*

L'ontologie s'occupe ici, dans l'intérêt du droit, des idées de temps, de forme, de néant, de possibilité et autres notions placées au plus haut de l'échelle des abstractions.

Une classe comprend les maximes sur le néant, le quasi-néant, le peu, le possible, etc.

Parum pro nihilo reputatur.

Dans tout le droit, peu est réputé rien.

C'est une chose sérieuse que le droit. Le droit, application de nos facultés, emporte dépense de temps et d'intelligence. La chose qui vaut moins que cette dépense est réputée ne rien valoir. Le droit s'attache, au moyen des diverses formes qu'il fait prendre à cette règle, à prévenir les déperditions de temps et de force, et à concentrer l'attention sur ce qui est grave et digne. La maxime serait fautive dans les matières de rigueur, telles que les offres, etc., et souvent dans les matières de droit public. Là le peu est souvent le trop; les plus petites lésions des droits naturels et politiques peuvent avoir leur gravité, et menacer l'avenir.

Cet exemple suffira pour donner quelque idée de l'importance de cette classe de maximes.

Celle de la classe suivante, qui embrasse les maximes sur la forme, n'est pas moindre : *Forma dat esse rei; Manente formâ, manet identitas; Mutatâ formâ*, etc.

Ce groupe de maximes fait voir comment le droit entend, accepte et emploie ces hautes idées d'ontologie essentiellement corrélatives, la *forme*, la *matière*, la *substance*. Le droit a souvent besoin de détacher, par la pensée, de la notion complexe d'une chose, l'une ou l'autre de ces propriétés générales, tantôt la forme, tantôt la matière, quelquefois la substance; si, dans une chose, on fait abstraction de la forme, l'idée de matière naîtra, idée vague et destinée à rester telle; la forme sera ce qui constitue, configure, individualise la matière, la détache, la distingue de toute autre matière. Celle-ci, ainsi circonscrite par la forme, prend le nom de *substance* quand on la considère comme devant servir de soutien à des qualités, à des propriétés quelconques.

Français, faisons prédominer dans le droit, et dans l'intérêt de cette science, la philosophie française.

Ces abstractions vivent, comme autant d'êtres réels, dans l'entendement et dans tout le droit, non sans abus fréquents : la forme et le fond, la forme et la matière, l'accident et la substance, etc., se disputent et obtiennent tour à tour, suivant les cas, la préférence.

La fameuse maxime *Forma dat esse rei*, empruntée à la philosophie stoïcienne, n'est pas déchue dans nos temps modernes : témoin notre grand naturaliste, qui l'a si bien caractérisée en disant : « Dans un corps vivant, la forme est plus essentielle » que la matière. »

« C'est la forme qui donne l'existence aux choses, principe » vrai à certains égards, dit M. Toullier, car le changement » de forme fait souvent que la chose n'est plus la même : *Mutata* » *forma propè interemit substantiam rei.* »

Si cette notion de forme occupe souvent le droit, la notion de temps l'exerce plus encore. C'est la plus importante des applications de l'ontologie à la science du droit.

Les faits ne seraient pas des faits si, accomplis ou pendant qu'ils s'accomplissent, ils ne persistaient, ils ne duraient plus ou moins. Cette persistance, cette durée d'un fait, trouve sa mesure naturelle dans sa corrélation avec la scène des objets extérieurs, avec ce grand fait solennel qui accompagne et influence tous les autres, l'existence de la terre, la périodicité de ses mouvements dans un espace peuplé d'autres mondes, avec d'autres faits qui ont précédé, qui co-existent ou qui vont éclore.

C'est en remarquant, c'est en précisant cette corrélation que l'esprit s'élève à l'idée de temps; et comme il ne peut concevoir un fait qu'il ne cherche et ne marque aussitôt sa place parmi les faits auxquels il correspond, cette correspondance, ou le temps, devient l'un des éléments de cette notion opposée à celle du *néant*, comme un pôle est opposé à l'autre pôle, de là notion de *réalité*.

Les maximes de cet ordre se rapportent à la durée en général, à la mesure physique et morale de la durée, le temps, à ses principaux rapports avec la loi, l'obligation, les formes, etc.

Ità demùm dicitur aliquid factum si duret.

Paria sunt non esse, vel incontinenter desinere, etc.

Aux yeux du droit, c'est une condition d'existence qu'une certaine durée, une durée sensible, une durée morale qui laisse quelque trace dans les choses humaines; le droit en général ne tient aucun compte de l'éphémère. Une chose de peu d'importance, les Romains l'appellent *une chose de petite durée, res parvi momenti.*

Si la courte durée exerce en général peu d'influence en droit, la longue durée est au contraire, en législation, en droit, en morale, un principe de respect et de force. L'esprit humain est fait de telle sorte qu'il mêle plus ou moins l'idée de justice à ce qui a duré. « Une idée de propriété, dit madame » de Staël, s'attache même aux injustices lorsqu'elles ont existé

» depuis longtemps. » Mais si l'esprit détache de la durée ces idées, ces présomptions morales, qui en sont comme le ciment, ce qui reste, c'est le *temps nu;* ce n'est plus qu'une force brute, une voie de fait prolongée, et c'est le lieu de dire avec Dumoulin : « Le temps nu ne fonde rien : *Nihil fundatur super nudo tempore.* »

Il y a de belles exceptions à la règle qui dépouille d'importance les petites durées. Il suffit qu'un fait conditionnel soit accompli un seul instant : *Conditio semel impleta non resumitur* Le moment importe beaucoup quand il ouvre, déclare ou complète une époque, un temps prescrit, etc.

Le temps entre comme élément tacite dans toute obligation : *Tempus vi ipsâ inest obligationi.*

Si le temps en droit assiste et concourt à tout, *l'incontinent* lui-même emporte un délai modéré : *Incontinenter accipitur cum aliquo temporis laxamento.* Faute de cet élément, l'obligation ne peut se former ou se délier. Qui stipulerait, par exemple, à Paris, qu'on lui paiera demain une somme à Valparaiso, stipulerait inutilement. Le temps n'est pas moins nécessaire aux droits qu'aux obligations. Oter le temps, c'est ôter le droit. L'exercice de tout droit, de toute faculté, est une *succession* d'actes; le temps en est donc réellement une partie essentielle. « La chambre des pairs, disait en 1822 M. Lanjuinais, n'a pu » encore participer qu'avec une *urgence extrême*, c'est-à-dire, » *sans vraie liberté*, à la discussion du budget. »

Des maximes présentent encore le temps, par une sorte de métonymie, comme faisant partie des biens : *Plùs solvit qui citiùs solvit*, etc.

Omne tempus in dubio non utile, sed continuum intelligitur. Sans doute le temps est continu ; il ne s'arrête pas; les moments dont il se compose ont tous le droit d'être comptés ; tel est le fondement de la règle; mais la loi, mais le droit y dérogent si souvent, que c'est à peine une règle. Continu dans la nature, le temps dans le droit est le plus souvent coupé, discontinu. Si la loi considère le temps comme un élément de vie civile, une condition ou moyen d'action, elle élague celui qui n'est pas propre à cet usage; elle aura ses jours *utiles*; si c'est un délai qu'elle calcule, l'utilité, l'équité lui défend presque toujours, si l'on excepte quelques courtes présomptions, de supputer par moments, par heures; elle compte par jours entiers. Au reste, la continuité est aussi une loi du temps civil, en ce sens que l'année ou le mois qui forme le délai légal ou qui en est l'élément, embrasse, sans distinction, tous les jours fériés ou non.

D'autres maximes se rapportent au différé, au temporaire, au perpétuel, etc.

De l'idée primitive de succession, source de la notion de durée, sortent aussi les fécondes divisions du temps qui remplissent le droit, le passé, le présent, le futur.

Lex de futuro; judex de prœterito.

La loi s'occupe de l'avenir, le juge du passé.

Le temps, dans la forme des actes, est le plus essentiel des éléments.

Qui non servat tempora non servat formam. Non sufficit actum fieri, nisi intra tempus fiat.

Telle est l'esquisse rapide d'une classification des maximes nombreuses qui énoncent les rapports du temps à la loi, aux obligations, aux droits, à la procédure, etc.

De ces points culminants de l'intelligence, la forme, la matière, le temps, etc., que Reid appelle les *formes de la pensée*, l'ontologie de droit descend à la *subjecticité*, complément de la notion de réalité. C'est le terme collectif embrassant toutes les notions qui se rallient autour d'un sujet, d'un être distinct, réel ou réalisé dans l'entendement. Ces notions seront formées si l'esprit considère ces êtres comme individus, comme groupés en espèces, enfin dans leurs relations diverses avec les autres êtres. De là, ces trois idées collectives qui composent celles de subjecticité, et qu'on nous permettra d'appeler, pour éviter de lourdes périphrases, *individualité*, *spécificité*, *relationnalité*.

L'*individualité* embrassera toutes les maximes qui se rapportent à l'être dégroupé, pris à part, étudié dans ses rapports avec lui-même : de là l'identité, l'intégrité, le simple, le composé, le complet, le partible, le divisible, l'indivisible, etc.

Manente formâ, manet identitas.

Les questions d'identité se représentent souvent dans le droit ; l'action doit, en dernière analyse, aboutir à des êtres individuels et déterminés.

C'est un écoulement de la maxime : *Forma dat esse rei* Si donner à la matière cette forme intelligente qui lui imprime le sceau d'une destination, c'est animer la matière, c'est créer un être ; changer la forme sera changer l'être, et le maintien de la forme sera au contraire le maintien de l'identité.

Dumoulin en tire aussitôt cette forte et féconde conséquence, que l'augmentation ou la diminution ne concernant que la quantité ou la qualité, et ne changeant pas la forme, l'être ainsi augmenté ou diminué reste le même être : *Manet identitas.*

On sait que cette maxime réveille ce qu'il y a de plus subtil en droit ; elle suffira pour donner une idée des maximes qui entrent dans cette classe.

La *spécificité* s'arrête aux espèces, aux genres, sorte de liens intellectuels au moyen desquels l'esprit retient, reconnaît, coordonne, et possède les notions individuelles. Il suffira de rappeler les maximes : *Species et genera non pereunt*, *generi per speciem derogatur*. Le droit compte peu de règles d'une telle portée. On en connaît les nombreuses applications.

L'ontologie du droit rassemble ensuite, sous le titre de *relationnalité*, les maximes multipliées, qui impliquent la mise en présence des êtres individuels ou spécifiques, leur contact ou leur disjonction, leur simultanéité ou leur succession, leurs rapports comme causes ou effets, comme signes ou signifiés ; leur connexité ou leur séparation, leur indépendance ou leur subordination, etc. Ces maximes se partageront en autant de familles qu'on pourra distinguer d'espèces de rapports. Parmi ces rapports on distingue la causalité, l'équipollence, la subordination.

Cessante causâ, cessat effectus. Ce simple énoncé du bon sens brille d'une telle évidence que l'esprit l'invoque malgré lui. Cet axiome donne lieu à de riches développements. L'effet se détache et subsiste indépendant de la cause, dans l'espèce de la loi 85, ff. *de Reg. jur.*; quand l'effet produit n'est autre chose qu'un droit, le droit reste quand la cause a cessé, il est acquis; la mort de cet enfant survenu au donateur, c'est-à-dire la cessation de la cause, n'a pas fait cesser le droit de demander la révocation de la donation; quand l'effet produit se rapporte à la capacité irrévocable de son essence; l'émancipation par mariage survivra à sa cause, et ne cessera pas, bien que le mariage ait cessé avant la majorité.

Mutuâ vice funguntur quæ tantumdem præstant.

Cette belle maxime fonde la légitimité des équipollences et le droit commun en cette matière. Partout le droit admet les équipollences qu'il n'exclut pas expressément; et c'est une de ses obligations, car il n'a nul intérêt à repousser l'une ou l'autre des choses qui peuvent se remplacer.

Le droit se trouve souvent obligé d'étudier le rapport d'ordre, de rang, et en quelque sorte de subordination, qui existe entre deux ou plusieurs choses en possession de fonctionner ensemble, ou entre les parties ou éléments d'une même chose. Une grande loi de l'ordre moral qui n'est pas sans analogie avec le principe de l'attraction dans l'ordre physique, veut que le principal attire à soi et retienne par le lien d'une sorte de subordination ce qui n'est qu'accessoire ou secondaire : *Accessorium sequitur principale.* La monologie de cette maxime en apparence si triviale formerait un traité important. Il est si facile de se tromper sur ce qui constitue le principal et ce qui constitue l'accessoire dans les choses si variées qui sont l'objet du droit !

CHAPITRE VII.

Juri-entiologie, ou Maximes sur les êtres sujets ou objets du droit.

La notion de *subjecticité* qu'on vient de développer servira de transition de l'ontologie à *l'entiologie* appliquée au droit.

C'est l'étude des êtres dans leurs rapports avec le droit, et en tant qu'ils peuvent en devenir les sujets ou les objets.

Les êtres se posent devant le droit sous deux aspects :

Ou dans un état d'inaction abstractive qui permet d'étudier, dans l'intérêt du droit, leurs espèces, leurs rapports, leurs attributs essentiels ; c'est l'entiologie proprement dite ;

Ou dans l'état actif et passif, dans l'état des mouvement imprimé ou reçu, et en tant qu'ils produisent ou subissent de changements, c'est-à-dire dans l'état de *faits*. Et cette branche de la juri-entiologie pourra prendre le nom de *pragmalogie*.

Cette division tranchée offrira un grand nombre de règles-maximes dans l'ordre le plus naturel.

Une première distinction entre les êtres est indiquée par la nature et la fin du droit : il en est auxquels un rôle est assigné, et dans l'intérêt desquels le droit entier fonctionne; ce sont les êtres-personnes, les sujets du droit proprement dits. Les autres n'en sont que l'objet; ils sont *impersonnés*. Le droit ne s'en occupe qu'en vue de servir les personnes.

Omne jus personarum causâ constitutum.

Les maximes de cet ordre embrassent les personnes proprement dites, les personnes métaphysiques et les personnes collectives.

L'homme collectif et ses attributs, c'est à la fois ce qu'il y a de plus important et de plus profond dans la science du droit.

Il y a en effet pour la morale, la politique, le droit, nécessité fréquente de former par la pensée, à l'aide d'un nom, de plusieurs êtres un être d'ensemble, distinct et différent de ses parties; de réaliser, vivifier, doter, traiter comme une personne vraie, une vue générale, un intérêt commun.

Ces *universités morales* (ou fusions intellectuelles de plusieurs en un seul) sont soumises à des règles qui diffèrent selon le besoin qui les fait reconnaître ou créer, selon qu'elles sont les filles de la nature, comme les nations; des hautes conventions sociales, comme les corps politiques : *Societates civiles non sunt meri congressus;* de tel ou tel ordre de lois, ou l'œuvre sanctionnée des volontés particulières.

Une loi commune à ces êtres universaux est d'avoir leur existence à part et différente de celle de leurs parties. Cette loi est formulée par la maxime : *Universitas distat à singulis.*

Une autre loi commune est le maintien et la continuation de leur identité, malgré les changements successifs des parties; c'est encore une maxime qui la consacre.

Universitas nec adjectionibus nec detractionibus mutatur. (Dumoulin.)

Il faut en dire autant de la loi de majorité, ce principe de vie qui circule dans toutes les veines du corps social. C'est la voix de la nécessité qui dit à l'être collectif, au moment de sa création : « Ce qu'aura voulu la majorité sera la volonté de tous, sous » peine d'immobilité et de mort : »

Refertur ad universos quod publicè per majorem partem.

De la connaissance des espèces de personnes, le droit-maxime arrive à celle de leurs attributs essentiels. Il considère abstractivement dans les personnes, avant d'arriver aux actes, l'âme et le pouvoir, principe et condition de tous les actes humains.

Animus ad se omne jus ducit... (Sen., ep. 65, 66.)

C'est à l'âme que se rattache tout le droit.

Dans l'âme le droit distingue et examine à part le *connaître* et le *vouloir*, l'*entendement* et la *volonté*. Au reste, l'abstraction seule les montre séparés ; il y a plus ou moins de volonté dans les fonctions de l'intelligence, *et vice versâ* volonté emporte perception d'un but que l'intelligence indique et éclaire, et conscience du pouvoir.

Autour de cet attribut des personnes, le connaître, l'intelligence, se rallie une foule de maximes qui dominent tout le droit.

Le droit règne à d'autres conditions que la force ; il suffit à celle-ci d'être toujours la force ou de le paraître ; il faut qu'elle s'allie à l'ignorance. Le ressort de la terreur se détend à la lumière, celui du droit s'y fortifie. La force se manifeste par la brutalité de ses attaques ; le droit ne se révèle, ne se montre aux hommes que sous des formes intelligentes, ou il cesse d'être le droit. Émané de l'intelligence, il ne peut s'adresser qu'à elle ; c'est un élément qu'il recherche et poursuit à travers tout ce qui n'est que matériel, réservant accueil et sanction à tout ce qui a passé par l'âme, et désaveu à ce qui n'est pas marqué de ce sceau.

Animus ad se omne jus ducit.

In totum quæ animi destinatione agenda sunt, nonnisi verâ et certâ scientiâ perfici possunt... (L. 76, ff. *de Reg. jur.*)

A part cet ordre de faits qui, par la force des lois ou la nature des choses, s'accomplissent sans nous, à notre insu même, comme les saisines, les accroissements, etc. (*Hoc nobis ignorantibus et invitis obvenit*...), ces principes règnent dans tout le droit ; quand la loi exige, par exemple, la présence d'une personne, ce n'est pas la seule présence matérielle, c'est la *présence intelligente.*

Nemo præsens nisi intelligat.

En général, et dans tout le droit, ce qui importe le plus n'est pas l'existence, mais la connaissance ; il ne suffit pas qu'une chose soit, mais néant qu'elle soit sue, qu'elle soit connue selon le mode prescrit ou convenu.

Partout le droit est un hymne à l'intelligence ; partout le droit est satisfait quand son œil s'ouvre, quand rien n'offusque ni n'intercepte son regard. C'est, pour arriver à la volonté, un chemin sûr et légitime. Prévenir, expliquer, instruire, c'est en droit l'une des obligations les plus générales ; c'est un devoir commun au législateur, au juge, au témoin, à celui qui demande et actionne, à celui qui stipule, etc. L'un doit rendre raison de la loi ; l'autre de son jugement, qu'il motive ; le témoin, de ce qu'il sait ; l'expert, de sa conviction. Le demandeur doit expliquer, libeller son action ; le stipulateur, ses conditions, etc.

Nulla lex sibi soli conscientiam justitiæ suæ debet.

Ces devoirs de la législation et du droit (de préparer et d'avertir) envers les intelligences sujettes ne sont pas les seuls. Le droit est plein de maximes qui tiennent les intelligences en éveil, qui formulent l'octroi de diverses primes de préférence à la prompte application de l'intelligence aux affaires, à la diligence, qui témoigne de ses sympathies pour ceux qui veillent et se montrent attentifs aux errements de la vie civile, de son abandon ou de ses sévérités quand il y a sommeil, torpeur, fausse direction de ces mêmes facultés, ou, ce qui est identique, *quand il y a faute.* Un dernier et vaste devoir est de venir au secours de cette intelligence défaillante ou surprise, etc.

Ourdir et employer la *fraude,* c'est pécher contre l'intelligence d'autrui ; c'est, au lieu de l'avertir et de l'éclairer, la surprendre, l'endormir ou l'égarer au préjudice de quelques droits. *Nemo videtur fraudare eos qui sciunt.*

Après cette classe de maximes, qui retracent nos devoirs envers l'intelligence d'autrui, on arrive à celles qui font connaître ce que nous devons à notre propre intelligence, l'obligation de faire des facultés qui la constituent un usage tel que les droits d'autrui ne souffrent de notre part aucune atteinte, de les appliquer à la connaissance du droit, à la connaissance des faits ; ce qui comprendra les maximes si fécondes sur la faute, sur l'ignorance et sur l'erreur de fait et de droit, etc.

Cette division large et tranchée permettra d'exposer, dans

leur ordre naturel, toutes les règles-maximes qui se rapportent à l'entendement ou l'intelligence, à ses trois états principaux, connaître, ignorer, errer...

De l'intelligence à la volonté la transition est aisée. C'est l'intelligence qui prépare les voies à la volonté.

« On ne peut désirer ce que l'on ne connaît pas. »

Cette connaissance préalable de l'objet, cette idée vague de la fin et des moyens, ces éléments intellectuels, c'est la volonté qui les féconde; c'est elle qui réalise et accomplit. L'intelligence procède, il est vrai, mais ne se retire pas; les fonctions de l'une se mêlent toujours plus ou moins aux fonctions de l'autre. La langue du droit romain, dans sa riche synonymie, se sert souvent des mêmes mots pour exprimer la pensée et le vouloir... *sententia*, *cogitatio*, *mens*, *animus*, *consilium*, etc.

Nemo dicitur velle quod priùs in mente non cogitavit. (Dumoulin, *des Fiefs*, l. 1, p. 535.)

Cette maxime, que Dumoulin a tirée de Celse (l. 7, § 1, ff. *de Supell.*, *leg.* 334), en remplaçant l'élégance par l'énergie, exprime admirablement la transition de l'intelligence à la volonté. Nul n'est réputé vouloir ce qui n'a pas fait d'abord l'objet de sa pensée. Balde, sur la loi 32, ff. *de Leg.*, va plus loin : la volonté ne serait que l'intelligence parvenue à son apogée, que l'acte même de cette intelligence qui a pris connaissance : *Voluntas est actio intellectûs cognoscentis.*

Voluntas ultimus actus est deliberandi (Hob., p. 25.)

Savoir et vouloir c'est souvent tout un aux yeux du droit.

Ex scientiâ præsumitur consensus. (D'Argentès, 371 *de la C. en matière de servitude.*)

La volonté humaine remplit le droit; pareille à ces dieux antiques qui se partageaient en autant de divinités qu'ils comptaient d'attributs, on la retrouve partout prenant des noms différents, selon les objets auxquels elle s'applique, selon ses divers modes d'action ou degrés d'intensité, selon qu'elle est émise avant ou après une autre volonté, qu'elle agit à part ou qu'elle concourt, qu'elle se combine avec le temps ou avec tel ou tel fait, etc. C'est là liberté morale, l'intention, le dessein, le consentement, la résolution, la préméditation, le commandement, l'obéissance, l'approbation, l'acquiescement, la ratification, la patience, le repentir, etc. Où elle manque le droit faillit. L'ignorance l'aveugle, l'erreur l'égare, l'obséquiosité la capte, la fraude la surprend, le dol la trompe, la séduction l'assiége, l'autorité l'entraîne, la force ou le crime la violente ; la promesse l'engage ; la loi l'oblige ; tout respire et s'anime par elle.

Primum locum voluntas obtinet. (L. 19, ff *de Cond. et demonstr.*, 35. 1.) A la volonté, le premier rang !

C'est elle qui forme et distingue tous les actes humains : *Voluntas format et distinguit omnes actus hominum.* (Dumoulin, *des Fiefs*, t. 1, p. 535.)

Cette riche famille de maximes se partage en différentes branches.

La nature et les caractères de la volonté, ses degrés d'intensité, ses modes d'action, son concours ou ses rapports avec le fait, sa persistance ou changement ; l'isolement, le concours, la combinaison des volontés ; leurs défauts, vices, empêchements ; les différentes manières de les manifester, de les induire, de les suppléer ; leurs caractères dans les divers actes, tels sont les principaux points de vue qui présideront à cette partie importante de la classification.

Il était digne de ces princes de la science, qui en avaient si bien sondé les profondeurs, de faire l'apothéose de la volonté humaine. En effet, le droit n'est rien si la volonté n'est tout.

Le *vouloir* est le caractère de la *personnalité* et le principal attribut du *moi ;* tout est dit en droit et en fait de mineurs, par exemple, lorsqu'un autre est chargé de vouloir pour eux.

Pupillus nec velle nec nolle intelligitur.

Le vouloir, l'unité de vouloir, est aussi ce qui fait qu'une nation est une nation, et non une simple agrégation.

Les plus forts jurisconsultes sont ceux qui ont le mieux parlé de la volonté humaine, qui ont pénétré le plus avant dans ses mystères, qui ont le plus fait pour son efficacité : témoin cette maxime féconde de Dumoulin (t. 4, p. 60) :

Voluntas in dubio non præsumitur limitata;

Sed ut valeat omni modo quo magìs valere potest.

N'allez pas borner à une seule manière de vouloir la volonté humaine bien manifestée; qu'elle vaille de la meilleure manière qu'elle puisse valoir...

Ce principe solennel, sur lequel Dumoulin revient souvent, tient aux racines du droit; le droit n'est pas fait pour restreindre la volonté humaine, mais pour en favoriser la légitime manifestation, en assurer l'efficacité. *Voluntates legitimæ omni modo conservandæ sunt.* (Ex l. 6, C. *pro Socio*, 457.) Il serait salutaire que la volonté humaine n'eût jamais à souffrir des efforts plus ou moins heureux faits par la science pour en classer et en dénommer les diverses applications. La volonté n'est émise qu'en vue d'un résultat; si elle ne vaut pas sous un titre, il est dans sa tendance de valoir sous un autre, comme acte sous seing privé, par exemple, quand elle ne peut, par suite de quelque défectuosité, valoir comme acte authentique...

Videatur actum ut valeat omni alio meliori modo, dit encore ce prince des jurisconsultes.

Chacun est censé vouloir avec toute la puissance de sa volonté.

Il serait contraire à la dignité de l'humaine volonté qu'elle fût, quand elle est émise sans restriction, restreinte à telle ou telle manière de valoir. La subtilité n'est un mal et ne soulève les justes antipathies du droit que parce qu'elle détruit ou restreint les effets de la volonté humaine. *Nec subtilitate cadant hominum voluntates.* (Ex l. 13, *C. de Contrah. et com.* 8, 38.)

L'un des premiers titres des maximes à notre reconnaissance est ce pouvoir d'attirer, de rallier, et fixer ainsi autour d'elles les idées les plus fortes et les plus fécondes de la science; et l'un des plus grands avantages de leur exposition méthodique est la faculté qu'elle donne de s'arrêter plus longtemps à celles qui possèdent cette puissance à un plus haut degré. On aura beaucoup fait pour les sciences morales quand on aura fondé sur d'immortelles maximes la dignité, la prééminence et l'efficacité des légitimes volontés de l'homme. C'est la grande tâche de ces sciences. Toutes les mauvaises doctrines affichent ou cachent en effet des tendances à resserrer ou blesser la volonté humaine dans son principe, sa manifestation ou ses effets.

Cette dignité et cette puissance de la volonté éclatent encore dans cette classe de maximes, qui traitent de la volonté nue, ou concourant plus ou moins avec le fait.

Cette belle maxime d'Ulpien : *Nemo cogitationis pœnam patitur*, parcelle divine de cette âme générale du droit nourrie de haute morale et de philosophie, qui affranchissait la pensée humaine, l'intention, et la tenait élevée au-dessus de la pénalité d'ici-bas, n'était pas destinée à un long règne sous la domination des empereurs romains. Des exceptions furent introduites précisément pour les cas qui en réclamaient le plus impérieusement l'application, les crimes de religion et de lèse-majesté : *Propter cogitationem dignus est pœnâ*. (L. 5 et 6. *C. ad leg. jul.* 9, 9.) La seule pensée est criminelle! la plus belle conquête des temps modernes n'est qu'une extension donnée à la maxime *Nemo cogitationis*, etc. « Nul ne porte la peine de sa pensée, même publiée[1]. »

La fameuse maxime : *Nuda hominum voluntas sufficit ad rem transferendam*, n'exprime, aux Institutes (*de Rer. divis.*, §46), qu'une exception indiquée par le mot *interdùm*. *L'exception*, devenue la *règle*, a relégué dans l'histoire la maxime opposée : *Non nudis pactis dominia rerum transferuntur*. Subordonner sans nécessité les effets de la volonté humaine à des accomplissements matériels, c'était mal comprendre et sa dignité et sa puissance.

[1] Quand cette publication n'est pas elle même une mauvaise action.

C'est un progrès réel que tout ce qui tend à l'affranchir et à la dégager de tout ce qui est matériel et physique ; à mesure que l'état social s'améliore, que la raison publique se forme et mûrit, le droit se spiritualise, et le domaine des symboles à l'usage de la société enfant se rétrécit.

Toutefois, la volonté isolée ne suffit pas toujours ; et l'une des plus hautes études en droit, ce qu'atteste le grand nombre de maximes qu'on trouve ici, tend à savoir ce que peut la volonté nue, ce qu'elle ne peut qu'à l'aide d'un vêtement matériel, d'une alliance plus ou moins étroite avec le fait. La volonté domine dans l'acte d'héritier. *Pro hærede gestio animi magis quàm facti est.* Il en est autrement en matière de possession ; pour l'acquérir il ne faut rien moins que fait actuel et volonté ; mais pour la retenir une fois acquise, la seule volonté suffit. *Adquisita animo et corpore simul, retinetur solo animo.* C'est qu'il est plus facile de continuer que de commencer, de conserver que d'acquérir : *Faciliùs servatur quàm acquiritur.*

Cette classe de maximes qui montrent la volonté humaine dans ses rapports avec le temps, avec la durée, méritera également l'attention du philosophe et du jurisconsulte.

Ce qui est éphémère et sans durée échappe en général au droit ; cela doit se dire surtout de la volonté, qui emporte acte préalable de l'intelligence.

Mais la volonté, une fois assise et formée, change ou persévère, se repent ou persiste ; le changement, le repentir, la persévérance, etc., sont autant de phases de la volonté humaine ; car changer de volonté, c'est encore vouloir ; y persévérer, c'est continuer à vouloir.

Le grand principe est que l'homme n'est pas inféodé à ses premiers vouloirs ; qu'il peut toujours, le droit d'autrui sauf, changer de volonté sans en rendre compte à personne : *Licet pænitere, re integrâ.* La volonté humaine est promeneuse... *ambulatoria voluntas ;* mais le soin de cette même dignité de la volonté de l'homme veut qu'elle soit réputée sérieuse, ne pas changer dans la même disposition, ne pas se démentir dans le même acte, etc. : *Non præsumitur mutatio voluntatis*... (Dumoulin, t. 3, p. 34.)

Une autre classe non moins importante embrassera les maximes sur la *disposition*, *l'intention*, etc., degrés élevés de l'échelle de la volonté qu'on applique aux divers actes pour en mesurer l'intensité et la valeur :

Quantùm intendis, tantùm agis.

Non sufficit velle nisi disponat.

La volonté devra à un concours plus marqué de l'intelligence, de nouveaux modes et de nouvelles dénominations. C'est *l'attention* qui élève la volonté jusqu'à *l'intention*, et qui lui donnera ce degré de détermination et de précision, caractère essentiel de la *disposition*. La volonté s'élèvera par la force et à l'aide de la réflexion, jusqu'à la *résolution*, la *préméditation*, etc.

La volonté humaine considérée sous un dernier aspect, celui de ses modes d'émission, sera l'objet d'un groupe de règles-maximes qui ne le cèdent en importance à aucune des catégories précédentes.

La volonté est émise soit à l'aide d'expressions, soit sans ce secours. Mais, expresse ou tacite, il faut toujours que la volonté soit annoncée par les signes extérieurs de la pensée, expressions, faits, circonstances; car la volonté non ainsi annoncée, et renfermée dans l'âme, n'est point aux yeux du droit la volonté : *Idem est non apparere et non esse.*

Si la volonté apparaît certaine, le droit ne lui demande pas compte de la manière dont elle s'est manifestée; toutes les portes s'ouvrent pour l'introduire : *Eadem vis taciti et expressi.* L'égalité des modes d'émission qui produisent la même certitude, est un grand principe du droit commun, que la nécessité seule a pu modifier dans des cas donnés.

Le droit a plus souvent affaire à la volonté tacite qu'à la volonté expresse. Ce qu'il importe, c'est de distinguer les sens si divers renfermés sous le seul mot tacite. Ici notre langue ne correspond pas à la langue latine, qui, à l'aide de quelques expressions, telles que le *non nolle* et le *non velle*, pouvait rendre plusieurs des nuances de la volonté tacite.

Le tacite ou le silence proprement dit, et ses effets en droit, la volonté tacite par induction, la recherche de la volonté mal ou imparfaitement émise, c'est sous ces titres que se rangeront les diverses maximes de cette dernière catégorie.

Le droit-maxime, la loi protége notre silence quand se taire est un droit : *Qui tacet non utique fatetur*; on l'incrimine quand il y a devoir de parler : *Obscurè et nihil respondere paria sunt.*

Le droit, vu sous le rapport de l'émission plus ou moins parfaite des volontés qui en sont l'essence, se partage en deux branches :

Le droit où la volonté, apparaissant claire et sans nuage, n'a nul besoin d'être recherchée : *jus clarum*;

Le droit où la volonté se voile, se dérobe, oblige à se demander si elle est ce qu'elle est, ce qu'elle doit être : *jus obscurum*. Il faut reconnaître que c'est le droit qui exige le plus de sagacité et d'efforts, mais en même temps qu'il ne peut y avoir de classe particulière de maximes, instruments et moyens d'interprétation, par cette raison que *toutes les maximes* ont, pour ainsi dire, cette mission. Tout dans le droit et hors du droit peut servir à rechercher, saisir, expliquer les volontés et les intentions. Tout dans des mains habiles peut servir de clef pour pénétrer dans ce sanctuaire, et de flambeau pour en visiter les parties les plus reculées et les plus sombres.

Toutefois cette partie de la science est éclairée par quelques maximes qui n'ont pas pour objet de prescrire le mode ou d'assigner des limites à ce qui n'en comporte pas, ou de borner les moyens divers d'interprétation, mais d'examiner en elle-même et de diriger dans son exercice cette haute fonction de l'intelligence qui s'applique à la recherche des volontés imparfaites dans leur émission. Ces maximes portent le sceau de la généralité, ou sont propres et spéciales.

Chaque espèce d'acte étant le produit d'un mode distinct du vouloir, et l'œuvre d'une volonté dominée par un objet propre, aura son système d'interprétation dicté par sa nature et sa fin.

In contractibus plena, in testamentis plenior, in beneficiis plenissima voluntas.

Des maximes propres s'attachent encore aux divers modes d'émission de la volonté, l'exprès, le tacite par déduction, le silence même au milieu de circonstances qui lui impriment un caractère quelconque.

Les maximes qui planent sur toute la matière se partageront en divers groupes; maximes qui défendent ou excluent toute interprétation : *Quando verba et mens congruunt, non est interpretationi locus.*

Omnis interpretatio vel declarat, vel extendit, vel restringit.

Maximes qui marquent le but :

Interpretatio secundùm sententiam... est verior et latior. (Bacon, *Aph.* 66.) Toute interprétation légitime réside dans la recherche sincère de la volonté vraie; cette volonté, c'est ce que chacun s'est proposé dans les actes divers, le législateur dans ses lois, le particulier dans ses accords, le testateur dans son testament. Ainsi, l'intelligence qui a ouvert la carrière à la volonté, c'est elle encore qui la ferme; elle avait précédé la volonté, elle revient sur ses pas pour en rechercher et reconnaître les traces quand elle a été imparfaitement émise. Cette règle, la plus générale et la plus sûre, contient le germe de toutes les autres.

L'homme sujet du droit serait encore incomplet si à l'intelligence et à la volonté il ne joignait un troisième attribut, le *pouvoir*.

Ce terme, comme le *posse* du droit romain, est malheureusement équivoque, et signifie tantôt le droit, tantôt la puissance physique et morale, et le plus souvent une sorte de confusion de ces éléments. Il y a nécessité d'accepter pour le moment le vague de signification, et de ne s'arrêter dans la notion de pouvoir qu'a cet élément abstrait qui de l'homme qui connaît et qui veut, va faire l'homme qui agit; qui le met à portée de réaliser ce qu'il a voulu, de se produire au dehors par un acte qui tombe dans le domaine du droit.

Ubi non adsistit potentia, voluntas est inanis et vacua.

Voluntatis et potestatis concursu omnia fiunt, ut, altero deficiente, nihil fiat.

Non est major defectus quàm defectus potestatis.

C'est parce que le pouvoir se mêle à tout qu'il engendrera peu de maximes bien distinctes.

Les unes expriment les rapports de la volonté et du pouvoir.

Paria sunt nolle et non posse, etc.

Le défaut de puissance et le défaut de volonté produisent le même effet.

Les autres exposent certaines lois essentielles du pouvoir, par exemple: *Ejus est propriè silere qui potest loqui.* C'est la loi d'une sorte de polarité morale; le pouvoir n'existe, s'il ne comprend ces deux pôles, l'action positive, l'action négative, les deux corrélatifs: *Eadem contrariorum disciplina.* Ainsi qui ne peut dire non ne pourra dire un oui valable; qui ne pourrait avoir ne pourra répudier.

D'autres classes riches en fictions semblent pétrir l'idée de pouvoir au gré des exigences sociales.

Ainsi chacun *sera censé ne pouvoir que ce qu'il doit. Posse id enim quisque videtur quod jure, quod honestè, quod salvâ dignitate potest.* (Argt. en divers leg.)

Le donateur était-il assigné à raison de sa libéralité; la dette réelle n'était pas la mesure de l'obligation mais la faculté de l'acquitter sans souffrir.

Qui in liberalitate conveniuntur in id quod facere possunt condemnandi. Il n'était pas censé pouvoir opérer un paiement qui l'eût jeté dans la misère ; pour connaître ce qu'il pouvait, il fallait déduire avant tout ce que ses besoins réclamaient : *Deducto eo ne egeat.* Cette pieuse fiction, qui n'élève dans le droit français qu'une voix timide, recevait diverses extensions dans le droit de Rome.

Le pouvoir de faire est le fait lui-même quand on a dû en faire usage.

Potentia faciendi factum repræsentat.

Paria sunt scire actu aut potuisse scire.

CHAPITRE VIII.

Maximes pragmalogiques, ou sur les généralités du fait et de l'acte.

L'ontologie et l'entiologie viennent d'étudier les êtres, objets ou sujets du droit, dans une sorte d'inaction abstractive. Il était rationnel d'observer à part, avant d'arriver à ce mouvement qui se traduit en faits, en actes, les ressorts qui se produisent, les modes, les facultés, les attributs, cette intelligence, cette volonté, ce pouvoir, conditions et éléments primitifs d'action. Maintenant la pragmalogie peut, en connaissance de cause, s'occuper des êtres sortant de l'état d'inaction, mus ou mouvants, imprimant ou recevant des mouvements, exerçant ou souffrant des actions selon les lois physiques, physiologiques ou morales qui les régissent. Ces modifications sont des faits, terme générique qui embrassera et les faits proprement dits, produit du mouvement des choses, et les actes résultant des mouvements de l'homme vers un but proposé. Dans la plus haute acception, les grandes lois elles-mêmes sont des faits, mais des faits primitifs, telle l'organisation de l'homme, etc. Tout est fait et tout est acte, car tout s'accomplit selon des lois qui sont autant d'éternelles manifestations d'intelligence et de volonté; cette considération justifiera le titre collectif de pragmalogie. Toutefois cet ordre de maximes se partagera en deux sections; l'une s'occupera des maximes sur le fait générique, l'autre de celles qui se rapportent aux actes.

Nature et caractère du fait générique, — distinction du fait et du droit, — influence du fait sur le droit, — faits dans leur opposition aux mots, — faits dans leur rapport avec la réalité et la vérité, — c'est sous ces titres féconds que se rangeront en quelque sorte d'elles-mêmes les maximes qui composent cette famille nombreuse.

1° Une idée commune se retrouve au milieu de cette grande variété de choses comprises sous ces termes si élastiques de fait, de faire; c'est celle de changement, modification, mouvement. Un fait n'est saisi par les sens que parce qu'il se produit au dehors, qu'il sort des rangs (*eventus*), si l'on peut parler ainsi, et apporte un changement quelconque au système du sein duquel il surgit; les états même (*status*), qui ne sont que des ensembles de faits, ne restent tels que par l'action continuée de la même cause.

Stat propriè pro quovis eventu.

A part cet élément constant et fixe qui est de l'essence même du fait, rien de plus mobile, de plus flottant, de plus varié que, tout ce qui entre dans la notion générique de fait : pris isolément, surtout dans la loi, le mot fait n'aura point de valeur fixe et déterminée.

Verbum facere, re, materiâve subjectâ, accipitur. (Dumoulin t. 3, p. 91.)

De là cette conséquence que les faits sont et restent individuels et concrets, que l'idée de chaque fait est formée de certaines circonstances propres et particulières de temps, de lieu, d'agent, etc.; que si les faits s'observent, se comparent, se groupent, etc., l'individualité s'altère, s'efface, l'abstraction commence; l'esprit abusé conserve encore le nom de fait, de fait général par exemple, aux résultats de son opération sur les faits individuels, et confond ceux-ci avec l'idée plus ou moins générale qu'il en a fait sortir, et qui devrait rester distincte dans l'esprit.

Cette métaphysique n'est pas vaine; c'est le fondement de cette *distinction du fait et du droit* qui revient à chaque instant dans la science. Le droit, qui est aussi une idée abstraite et générale, ne pourrait remplir son office, s'il ne restait distinct soit des faits dont il serait sorti, soit de ceux qu'il doit régir.

Le fait et le droit sont non-seulement choses distinctes, mais le plus souvent opposées: ce sont les deux termes d'une corrélation qui doivent rester en regard l'un de l'autre, sans pouvoir se confondre: *Factum juri opponi solet. Interdum et contra jus factum ponitur.*

Mais ici le mot fait répond à deux choses bien différentes; le fait prévu, posé, décrit par la loi n'est qualifié fait que par opposition au droit; c'est encore un fait général, c'est-à-dire une véritable abstraction, le fait vu dans ses circonstances les plus communes, *abstraction faite de tout agent.*

Mais le fait donné qui se pose devant le juge, (l'espèce) est un fait concret, individuel, c'est le fait proprement dit; tel le vol à juger, la recherche de son auteur.

Si cette distinction ne reste pas présente, il n'y a que nuages dans l'esprit: c'est un mal pour la logique du droit que la langue n'ait qu'un même terme pour exprimer le fait concret et individuel et le fait abstractif défini par la loi: ce dernier n'est plus un fait; c'est un fait-type, un terme sous lequel la main des lois a rangé et fixé les caractères communs et constitutifs d'un fait spécifique, abstraction faite de toute idée, de toute question de personne ou d'auteur.

Les faits comparés au droit présentent encore pour caractères, l'infinité, la difficulté d'appréciation, le besoin fréquent de preuve.

Facta propè infinita; jus verò finitum.

Le droit fait par des hommes et pour des hommes est et doit être borné ; mais les faits sont infinis, car les faits, c'est la nature elle-même, la nature vue en action.

Le sage connaît le droit : *Jus prudenti notum*, mais le plus sage s'égare souvent dans l'étude des faits :

Facti interpretatio plerumquè prudentissimos fallit.

On voit partout, dans le droit romain, que les jurisconsultes croient avoir beaucoup fait pour la solution de la difficulté soumise, quand ils sont arrivés à dire : « C'est une question de droit : » c'est une question de fait. » C'est beaucoup en effet ; car si, dans l'intérêt de la vie civile, l'une et l'autre doivent être vidées, chacune ne peut l'être que suivant le mode de décision qu'elle comporte.

Le juge n'est pas le maître du droit ; il l'est de la question de fait; celle-ci est abandonnée ou plutôt confiée à la conscience de l'homme de bien, attentive aux circonstances, libre et indépendante de toute règle abstraite : *Arbitrio boni viri, cum facti quæstio sit in potestate judicantium, juris autem auctoritas non sit.* C'est le vaste champ de l'équité.

Cet abandon de la question de fait aux appréciations de la conscience du juge est une grande nécessité civile et une conséquence de la nature combinée du fait et du droit.

Quæ facti sunt certis regulis juris nequeunt comprehendi; ideo arbitrio boni viri relinquntur.

Combien il importe ici de ne pas intervertir ! La question de croit prise et traitée comme question de fait, vous ne jugez pas ; vous faites de l'arbitraire, vous sapez toute sécurité civile. Dans le cas inverse, si vous portez la règle abstraite dans les questions de fait, vous avez faussé la règle et banni l'équité! Ainsi l'ordonnance criminelle de 1667, qui traitait en question de droit la question de fait par excellence, les culpabilités individuelles, avait enfanté ou consacré l'absurde doctrine des semi-preuves, des quarts de preuve, et cette fiction : *Testis unus, testis nullus*, etc.

Aussi y a-t-il une classe de maximes destinées à signaler les principales questions de fait, et à les préserver de l'invasion de la règle abstraite et absolue; telles les questions de volonté : *Questio voluntatis in æstimatione judicis est;* de dommages-intérêts, de quotité, etc. La sagacité du jurisconsulte ne brille jamais avec plus d'éclat, que lorsque, tout en faisant la part du droit, il signale ce qui est purement de fait, et protége le légitime domaine des consciences et de l'équité, de l'ambition de la règle absolue.

Voyez un bel exemple dans la loi 13, ff. *de Annuis Leg.*, § 1, 33,1. L'espèce suivante est soumise à Scævola. Un testateur a légué à son affranchi une pension alimentaire, à la condition qu'il ne s'éloignera pas de sa femme ;

— Mais l'affranchi est père de famille, et la femme est toujours en route !

— *Respondi non posse absolutè responderi, cùm multa oriri possint quæ pro bono sint æstimanda.*

J'ai répondu, dit le sage Scævola, que la question n'était pas susceptible d'une *réponse absolue;* qu'il pouvait surgir, des positions respectives, une foule de circonstances que l'équité seule pouvait apprécier.

Toutefois, il faut le remarquer ici, il y a progrès dans la législation, quand, par suite d'améliorations diverses, elle est amenée à pouvoir, sans inconvénient, sans énerver la loi par des détails, définir ce qui n'avait *pas été défini* avant, et changer ainsi les choses de fait en choses de droit. Les lois nouvelles en offrent d'heureux exemples. L'arbitraire de la conscience est encore de l'arbitraire, et la nécessité seule peut le justifier.

Ces doctrines expliquent et limitent la juridiction de la Cour suprême. Si l'investigation, l'appréciation du fait appartient à la seule conscience du juge, il est évident qu'il ne peut, dans l'accomplissement de cette œuvre, violer aucune loi, aucune règle abstraite, ni par conséquent donner prise à cassation.

Mais bien entendu qu'il s'agit seulement du fait concret, du fait proprement dit, et non du fait défini, qualifié par la loi ou qui devait l'être.

Ainsi la question de l'existence d'un journal n'est pas une simple question de fait; c'est qu'un journal a sa définition légale comme *la vente*, *l'échange*, *la donation*. (M. le procureur-général Dupin, 1834.)

Si le fait est souvent opposé au droit, on le trouve aussi quelquefois opposé aux paroles, aux mots :

Facta verbis potentiora.

Le reste des maximes sur le fait générique pourrait former deux sections; faits dans leurs rapports avec la réalité; faits dans leurs rapports avec la vérité.

Les faits fictifs remplissent le droit; il importe de marquer au moins leur place et de noter quelques-uns des plus saillants. Nous avons parlé ailleurs des maximes fictions.

Sub facto continetur et non fieri.

Prohibere videtur qui occasionem non quærit.

Voilà l'omission de faire traitée comme un fait positif : c'est que souvent, quand il y a faculté ou obligation de faire, l'omission peut avoir toute l'importance de l'action et devenir, aussi souvent que celle-ci, l'objet des transactions humaines.

Is damnum dat qui jubet dare.

Il en est ainsi des paroles qui prennent rang parmi les actions quand elles sont dites dans la vue de produire une action. En plusieurs cas, dire c'est faire; parler c'est agir.

Mais la fiction la plus hardie et en même temps la plus usuelle, en matière de faits, est celle qui suppose accompli tout ce que vous auriez réellement fait, si l'adversaire n'y eût apporté un obstacle intéressé.

Pro facto accipitur id in quo per alium mora fit quominùs fiat. Latè patet hæc regula, dit Pothier; cette règle domine in dans le droit; elle est le principe de ces règles répandues partout et qui tiennent les conditions, les formalités, les actions pour accomplies toutes les fois que l'empêchement procède de la personne intéressée au non-accomplissement; fiction universelle sans laquelle la société civile serait impossible.

La notion d'un fait sera incomplète, si vous en séparez l'idée de preuve : c'est l'objet d'une riche classe de maximes. Les plus dominantes, celles qui se rapportent au besoin, à l'objet, à la fin, aux effets, aux conditions générales de la preuve, composeront une première section; les suivantes présenteront successivement les règles qui dispensent de la preuve, celles qui l'exigent et la mettent à la charge de l'une ou de l'autre partie; les maximes qui considèrent les diverses preuves en elles-mêmes, leurs qualités, leurs conditions; celles qui exposent les rapports qu'elles ont entre elles; celles enfin qui s'occupent de ce qui, en droit, tient lieu de preuve.

Nous devons nous arrêter un moment à quelques-unes des maximes qui caractérisent le mieux ces diverses sections.

Idem est non probari et non esse : non deficit jus, sed probatio.

Tout fait est prouvé ou à prouver : c'est là un de ses modes essentiels. Que ferait le droit d'un fait qui ne serait ni prouvé ni susceptible de l'être par l'emploi des méthodes appropriées?... Du défaut de preuves en droit on est fondé à conclure le défaut d'existence : *Idem est non probari et non esse.*

Quand la preuve manque, le droit est inutile : *Neque jus neque voluntas defuncti quicquam possit, ubi deficit probatio.*

La nécessité de la preuve, c'est le droit commun. Quand la

loi y déroge et dit : « Je ne veux pas de preuve, je tiens le fait pour prouvé, » c'est que la loi est dominée par d'impérieux motifs, et alors même l'écart du droit commun est le moindre possible. La fameuse présomption : *Pater is est quem nuptiæ demonstrant*, par exemple, n'est que la conséquence d'un fait antérieur bien *prouvé, le mariage ;* la loi remonte pour trouver une preuve sur laquelle elle repose.

Ce qui est encore de droit commun c'est la grande latitude accordée à la preuve et à la faculté de prouver.

Jura nolunt probationum facultatem et copiam angustari. (Arg., ex L. 21. C. *de Hæred.* 1, 5.)

On ne doit pas trop mettre à l'étroit la faculté de prouver: l'une des conséquences de cette nécessité de prouver partout en droit est de ne pas trop resserrer le champ des preuves.

C'est le propre du fait d'être prouvé. Le droit, le principe, la règle abstraite se démontrent ;

Facti veritas tota in probationibus consistit.

Les preuves de déduction, les preuves abstraites, les argumentations nécessaires pour établir le droit, le principe, tombent dans le domaine de la logique ou de l'éloquence : *Tota*, dit Cicéron, *in argumentatione oratoris collocata sunt.*

Le point de droit, qui a besoin de preuve proprement dite, revêt un moment le caractère de fait. Telle la loi quant à son émission, sa date, *sa publication*, etc.; ainsi la preuve se mêle quelquefois à l'argumentation, et l'argumentation prend plus ou moins part à la preuve.

L'office et le but de celle-ci sont marqués par des maximes: prouver le fait c'est dissiper le doute qui l'entoure à la lumière, à l'aide de ce qui n'est pas douteux.

Quod est dubium per id quod dubium non est confirmat probatio. (Quintil.)

Il faut donc que la cause contienne elle-même quelque élément qui n'aura pas besoin de preuve.

Necesse est esse aliquid in causâ quod probatione non egeat.

Quelle fin se propose la preuve? la conviction du juge; c'est pour le juge, ce n'est pas pour l'adversaire qu'il faut prouver. *Probandum est judici non adversario.*

Mais l'effet de la preuve, quel sera-t-il? d'amener, si elle suffit, une sentence favorable à l'allégation vérifiée.

Effectus probationis est ut secundùm eam, si sufficiat, pro allegante feratur sententia.

Judex debet judicare secundùm allegata et probata.

Il serait inutile en effet de faire la preuve du fait déterminant si une sentence favorable ne devait pas s'ensuivre : c'est le contrat perpétuel des justiciables avec la justice; l'exception confirmerait la règle.

Ce contrat serait mal compris ou violé si le juge pouvait chercher et prendre hors du procès les preuves sur lesquelles il juge le procès; quand la justice lui dit : *Si judicas, cognosce; si tu juges, prends connaissance*, elle n'entend point parler de ses connaissances antérieures comme homme, mais des connaissances apportées par le procès même. On ne connaît en effet que ce qu'on ne savait pas avant: *Cognoscere id dicimur quod antea non scivimus.* Les preuves légitimes sont filles de l'instance, nées d'elle, ou adoptées par elle. Consécration éclatante de ces principes par l'arrêt de la C. de C. du 15 nov. 1834, ch. crim.

Ainsi se rallient et s'enchaînent à des maximes les principes les plus importants du pouvoir judiciaire.

Une autre loi générale de la preuve judiciaire est qu'elle ne relève, quant à sa force et à sa valeur, que de la conscience du juge. Quand la loi n'a pas assigné elle-même à la preuve sa mesure et son poids, à la seule conscience du juge, libre de toute règle absolue, il appartient de la mesurer et de la peser.

Non ex unâ probationis specie, sed ex sententiâ animi sui debet æstimare judex quid aut credat aut parùm probatum sibi opinetur

Après ces hautes maximes qui règnent sur toute la théorie des preuves judiciaires, ce qu'il importe le plus c'est de savoir quand la preuve n'est pas requise, et quand elle l'est impérieusement ; des maximes se chargent de nous l'apprendre.

Il en est qui énoncent les cas divers où il n'y a pas lieu de faire la preuve, soit parce qu'elle est toute faite, soit parce que l'adversaire ne conteste pas, soit parce qu'elle est impossible, soit parce qu'elle est interdite ou repoussée, soit parce qu'elle serait sans influence sur la décision, etc.

Les premières rendent hommage à la raison humaine en plaçant au plus haut degré de l'échelle des preuves, l'évidence, le notoire, le manifeste.

Quidquid demonstratæ rei additur satis demonstratæ frustra est. Veritas aut voluntas manifesta excludit probationem.

Les maximes se pressent pour dire aux juges : « Ne souffrez » pas qu'on s'arrête à prouver ce qui est prouvé ; gardez-vous » de faire à la preuve par excellence, à l'évidence, l'injure de la » méconnaître. » L'évidence ne serait pas l'évidence s'il y avait quelque chose à y ajouter.

Mais l'évidence elle-même, si elle ne peut être prouvée, faite qu'elle est pour servir à prouver, doit au moins être montrée au juge :

Evidentia ipsa debet ostendi judici.

On remarque encore dans cette classe l'adage contesté : *Factum negantis nulla probatio*, et les maximes qui l'expliquent et le limitent ; l'adage barbare mais énergique et utile :

Frustra probatur quod probatum non relevat.

On prouverait vainement ce qui même prouvé ne servirait en rien à la décision.

La preuve est faite pour le procès, et non le procès pour la preuve. Le juge ne doit pas admettre à prouver une chose dont on pourrait dire avec la loi citée : *Licèt probetur factum , intentioni nullum prabet auxilium.*

Cette maxime-loi retient le procès dans sa sphère légitime ; elle s'étend non-seulement au fait, mais à la manière dont on offre de le prouver.

Enfin on remarquera dans cette catégorie les maximes suivantes qui défendent d'inquiéter la possession par des exigences de preuve :

Nullo modo exigendum quem probare unde habeat.

Possession vaut titre.

Ces maximes constituent une des plus fortes garanties de la liberté civile ; la propriété ou la possession astreinte à se prouver tous les matins ne serait ni la possession ni la propriété : c'est le droit commun auquel la loi, hors l'état accidentel d'accusation, déroge rarement.

La classe des maximes exigeant preuve s'ouvre par l'adage :

Ei incumbit probatio qui dicit,

Et se ferme par la règle : *Actore non probante,* etc.

Ce n'est pas à celui qui se tait et ne demande rien à prouver, mais bien à celui qui dit, demande, agit, actionne, se plaint, accuse, à faire preuve du fait sur lequel il se fonde.

L'accusation est la plus sérieuse des demandes. La société est demanderesse ; c'est à ell eà prouver, et cette grande vérité de droit public sort de la maxime.

L'efficace sanction de ces règles se trouve écrite dans la maxime :

Actore non probante, reus absolvitur.

L'inaccomplissement de la condition de prouver entraîne la chute de la demande.

A ce cas s'assimile celui où s'équilibrent les preuves de part et d'autre :

Si pares sint actoris et rei probationes, pro reo pronuntiatur.

Ces maximes forment un système complet ; c'est une page de procédure universelle tracée par la nature des choses dans le code de tous les peuples.

Les sections suivantes, qui considèrent les preuves en elles-mêmes et dans leurs rapports avec les autres preuves, présentent quelques maximes dignes de toute l'attention du jurisconsulte.

Ut veritas, ita probatio scindi non potest.

Ainsi que la vérité, la preuve ne saurait être ni scindée ni déchirée; protestation énergique de Cujas contre les absurdes divisions des preuves en pleines, semi-pleines, qui dominaient dans l'école. Les éléments de la preuve ne sont pas encore la preuve; celle-ci n'existe qu'au moment où elle frappe l'esprit et opère conviction, et cet effet n'est dû qu'à l'ensemble.

Après les maximes sur la preuve, se placent les maximes générales sur les présomptions qui font office de preuves.

Présumer, c'est choisir pour mettre à la place de la vérité absente ou voilée, difficile ou dangereuse dans sa recherche, le fait qui s'en rapproche le plus : *Sumitur ex eo quod frequentiùs fieri solet.* Ce choix ne peut être arbitraire. Ici, le droit est essentiellement science d'observation; ce qui arrive ou doit arriver le plus fréquemment, voilà la seule source légitime des présomptions. Partout où la recherche individuelle de la vérité fatiguerait ou troublerait la société, la loi se confie à la présomption et lui dit : « Tu seras la vérité, tu seras la preuve en-» tière. »

Il y a erreur dans cette doctrine du droit romain qui considère le fréquent, l'ordinaire, comme source unique des présomptions; il faut ajouter ce qui doit être dans l'ordre du droit. S'il pouvait, par exemple, exister une société assez corrompue pour que la présomption *pater is est*, etc. ne fût que l'exception, il faudrait encore consacrer une maxime qui découle des conditions essentielles de la société civile.

La définition du Code civil n'est pas non plus à l'abri de toute critique. La loi est faite pour disposer, et la conséquence qu'elle tire du connu à l'inconnu n'est encore que le raisonnement qui a précédé et préparé la disposition. Ce raisonnement préalable est, au reste, de l'essence de la présomption; c'est cette sorte d'intervention de la logique qui la distingue de la preuve proprement dite: celle-ci fait directement foi par elle-même; la présomption ne fait foi que par l'intermédiaire d'un raisonnement qui montre sa liaison avec des choses certaines. Sa lumière est une lumière réfléchie:

Probatio per se, præsumptio per ea quæ certa sunt, fidem facit.

La présomption ne tire sa valeur que de l'absence de la vérité et de sa ressemblance avec elle; si la preuve surgit, si la preuve apparaît, la présomption s'évanouit.

Contra præsumptionem admittitur præsumptio. (Dumoulin.)

Il est dans la nature des présomptions qu'elles cèdent à la preuve; toute présomption même légale peut être combattue par la preuve contraire. Si la loi le défend, si elle dit à la présomption qu'elle vient de fonder: « Tu resteras debout en présence et en dépit de » la preuve contraire, » ce n'est pas une présomption; c'est une règle, une disposition, une preuve irréfragable, et l'on doit rejeter, à l'exemple du judicieux Domat, la barbare qualification de présomptions *juris et de jure*. Par exemple, les art. 488, 1596, 1597 du Code civil ne sont réellement pas des présomptions; ces articles disposent et ne présument pas; ils reposent, il est vrai, sur la base tacite d'une présomption; mais celle-ci ne constitue pas la disposition.

Cet hommage est dû à la présomption de la loi, qu'elle ne puisse être attaquée que par des présomptions écrites dans la loi même:

Cùm juris auctoritas non sit in potestate judicantium, sed facti tantùm quæstio.

De ces premières maximes sur la nature et les fins de la présomption découlent celles qui expriment si énergiquement leurs effets: *Eadem vis veri et præsumpti; necessitatem probandi remittit*, etc.

Une dernière section réunit plusieurs maximes qu'on pourrait appeler anti-présomptions ou présomptions négatives.

Fraus non præsumitur in eo quod alià vià obtineri potest. Nemo alienis bonis ditari creditur, sed suâ potiùs industriâ, etc.

Ces exemples suffisent pour montrer que le droit est aussi riche en maximes prohibitives de présomptions qui nous tiennent en garde contre le penchant de l'esprit à présumer, à se soustraire à la peine de prouver, qu'en maximes qui fondent des présomptions : il était important d'insister sur cette remarque que le droit dit moins souvent : *Présumez*, qu'il ne dit : *Ne présumez pas*.

Du fait générique vu dans ses éléments abstraits et communs, on est conduit à des faits spécifiques, à l'acte proprement dit. Des maximes ont marqué les points principaux de cette route. Tout acte est un fait, tout fait n'est pas un acte : celui-ci est le fait qui reconnaît pour cause efficiente une volonté d'homme tendue vers un objet, vers une fin.

L'acte est le terme où doit aboutir cette partie transcendante du *droit-maxime*. L'acte, c'est un pas intentionnel dans cette vie civile qui trouve sa règle dans le droit. L'étude de la langue du droit, de ses méthodes, des hautes notions de la métaphysique appliquées au droit, de l'intelligence, de la volonté, du pouvoir, du fait générique, tout cela vient se résumer dans la mise en œuvre de ces éléments, à l'acte, à ce mouvement qui produit le vouloir en dehors et le met en relief, par lequel l'homme individuel ou collectif vient se poser devant le droit dont l'empire commence.

C'est encore un de ces termes multivoques, qui embarrassent et fatiguent la science. Il est évident que les maximes de cette classe ne pourraient se rapporter avec justesse à tous les sens si divers de ce mot : l'acte signifie très-souvent, par exemple, l'écrit qui contient ce qui s'est passé entre les parties; c'est, dit Toullier, le contenant pour le contenu.

Mais ce mot répond ici à une idée plus générale. La loi elle-même est un acte; l'acte sera l'élément commun et radical de tous les faits civils; l'étude de cet élément, fixée par des maximes, appartient dès lors à la partie transcendante de la science. Quelle que soit la fin de l'acte, quelle que soit sa qualification, il s'accomplit sur un type donné; il aura ses conditions générales d'existence, d'opération, d'extinction, etc., ce sera la matière des maximes de cette classe.

L'acte vu en lui-même et dans ses éléments intrinsèques, sa formation, sa cause, sa fin générale, etc.

L'acte et sa forme en général, sa solennité, son ancienneté, etc.

L'acte et ses modes généraux, la voie directe, la publicité, etc.

L'acte et ses relations, équipollences, concours, conflit, etc.

L'acte, sa valeur et sa durée; ce qui maintient cette valeur, ce qui l'altère, la détruit, son extinction, sa révocation, etc.

Tel sera, plus ou moins marqué par des maximes, le cadre de cette partie de la science consacrée à l'exposition des lois essentielles et communes à tous les actes, en tant qu'elles se trouvent exprimées par des axiomes, maximes ou adages. Cette partie du sujet devra, encore plus que les autres, à raison de ses difficultés, porter le timide caractère d'un premier essai.

Parmi les maximes qui considèrent l'acte en soi-même, il en est qui, comme les suivantes, seraient susceptibles d'un beau développement.

Præfectiones non sunt actus;

Multa tractantur quæ non perficiuntur;

Tota vis in conclusione consistit.

En général le droit n'attache des effets qu'à ce qui est achevé.

La vérité dans les actes n'est acceptée par le droit, qu'à certaines conditions de temps, de personnes, de lieu, quelquefois de termes, conditions qu'embrassent les termes génériques de formes, de solennité.

Non sufficit veritas, si deest solemnitas.

Le lieu prend une large part dans ces conditions ; souvent même il les dicte seul, il les impose, pour emprunter le style hardi de la maxime : *Locus regit actum*. Il était dans la destinée de cet adage de soulever de vives discussions : ce n'est pas au lieu, c'est à la volonté humaine qu'il est donné de régir et commander ; le lieu n'a de force que parce qu'il la fait présumer. Cette doctrine, soutenue par Dumoulin, combattue par Dargentré, finit par prévaloir. Le premier projet du Code civil reproduisait la maxime ; mais le projet fut retiré et reparut sans cet article, que le tribunat avait combattu ; ce n'est plus que quant à la solennité et à la forme de l'acte que la maxime règne incontestablement, mais toujours par la force de l'intention présumée.

Des maximes attachent aux actes *la présomption de solennité*. Le droit en a fixé, après bien des oscillations, le sens et la portée : *Videntur omnia solemniter acta*, etc.

Leur autorité est entière à l'égard des actes dispensés de la mention de l'accomplissement des formalités qui s'y rattachent. La loi se confie à l'officier qui devra les remplir.

Mais s'agit-il d'actes où cette mention est de droit ou prescrite? Il est clair que cette exigence renverse l'autorité de la maxime.

Elle ne subsiste plus que quant à la *manière* dont les formal ont été accomplies. La mention d'accomplissement une fois con signée dans l'acte, l'acte se replace sous l'égide de la maxime, et l'on doit dire avec M. Merlin : « C'est un principe général » que les formalités énoncées dans un acte sont présumées avoir » été remplies telles qu'elles devaient l'être. Ainsi, s'il est dit » que le témoin a prêté serment, la maxime présume qu'il l'a » fait en levant la main... *Videntur omnia solemniter acta*. »

La maxime réveillera dans l'esprit ces distinctions délicates que l'attention y aura attachées.

Les fameuses maximes : *In antiquis*, etc., font ressortir les avantages que l'ancienneté, ou plutôt la série des acquiescements qu'elle implique, procure à l'acte ; la présomption de solennité se fortifie; ses énonciations prennent la consistance de preuve.

« Toutefois il faut que l'acte ancien ait de quoi subsister par » lui-même. L'antiquité fait alors présumer que toutes les for- » malités ont été remplies, quoiqu'elles ne paraissent plus. »

Quelques maximes se rapportent aux modes généraux des actes :

Tàm benigniùs quàm utiliùs est rectâ viâ agere.

Le droit préfère l'acte direct aux actes circuiteux, la voie droite à la voie détournée; à la rigueur, par exemple, seul je pourrais répéter la somme que mon ami a indûment payée pour moi; mais celui-ci le pourra par la voie directe, *rectâ viâ*, sans employer l'intermédiaire de son commettant.

L'abolition des circuits est un des progrès du droit.

A d'autres modes, le solite, l'insolite, l'habituel, le provisoire, le définitif, etc., répondent d'autres maximes.

Mais nul de ces modes n'a l'importance de la publicité :

Palàm est coràm pluribus; publicè coràm populo.

Palàm et clàm opponuntur.

Quæ palàm fiunt bonâ fide fieri videntur.

L'acte change même souvent de nature, selon qu'il est secret, clandestin, ou public et fait ouvertement. La publicité est en général pour les intérêts généraux, et souvent pour les intérêts privés, une garantie que rien ne peut remplacer. Le degré de publicité dans les institutions sera généralement la juste mesure du progrès social; la publicité est le droit commun; le secret et le huis-clos, l'exception.

L'examen de cette fameuse règle du droit romain : *Actus legitimi non recipiunt diem vel conditionem*, ne sera, s'il est fait convenablement, ni sans intérêt ni sans utilité. Admise au droit français dans un sens restreint, elle s'appliquera utilement à cette classe élevée d'actes divers dont la nature et l'objet repoussent tout ce qui est condition, division, tout ce qui n'est qu'à temps et provisionnel, etc. : tels l'adoption, l'émancipation, la naturalisation, l'adition d'hérédité, etc.; c'est que ces actes emportent avec eux exécution présente : *Præsentem executionem secum trahunt*, et que le droit qui en résulte doit être stable et perpétuel sous peine de perturbations graves :

Libertas et civitas non dantur in tempus.

De ces maximes sur les modes les plus importants des actes, on est conduit à celles qui traitent de l'acte dans ses rapports avec les autres actes. Un acte en réfère un autre : *Relatum inest referenti;* réunis à d'autres actes tournés vers le même but, ils constituent une seule et même affaire : *Plures actus respicientes eumdem finem dicuntur negotium*. Un acte peut confirmer, modifier, renouveler, révoquer un autre acte. De là des maximes qui réclament plus ou moins l'attention.

Une dernière et riche section de maximes a pour objet de considérer les actes sous le rapport de leur valeur, de leur durée, etc.

Au premier rang brillent ces belles maximes qui ont pour objet d'empêcher que la valeur de l'acte ne soit affaiblie ou détruite sans nécessité, qui le préservent de l'effet de certaines adjonctions, insertions etc, maximes qui semblent prendre pour devise :

Magìs valeat quàm pereat ;

Sumenda est interpretatio quæ quod actum gestumque sit conservet.

Si non valet quod ago ut ago, valeat ut valere potest.

Quæ dubitationis tollendæ causâ, etc... *Utile per inutile non vitiatur*, etc.

Les maximes de cette famille présentent le développement de ce principe si fécond, si dominant, que le droit est fait pour prêter main forte à la volonté humaine tendant aux fins de la société, aux actes produits légitimes et immédiats de cette volonté ; ces actes dont l'annulation trop facile appauvrirait et découragerait la vie civile.

L'esprit des lois, dit Domat, est de donner aux actes tout l'effet qu'ils peuvent avoir raisonnablement.

De là le devoir, dont le droit semble avoir confié l'accomplissement aux maximes :

De protéger les actes contre les subtilités diverses, les fausses dénominations, les omissions inintentionnelles; d'en resserrer ou d'en élargir l'expression, afin qu'elle corresponde à l'intention, qui en est l'âme;

De ne recourir aux nullités que comme à un remède extrême, ou à défaut, ou dans l'impuissance des autres espèces de sanctions; de favoriser le redressement, la ratification de ce qui dans le principe était irrégulier ou nul ;

D'attribuer ou reconnaître, quand il est possible, à l'acte trouvé nul, une valeur en quelque sorte subsidiaire, une valeur quelconque à un autre titre, afin que l'œuvre humaine soit sauve;

D'anéantir le moins d'actes, et dans le même acte le moins de parties possible ;

Telle est la substance et l'esprit de ces maximes, qui semblent, comme on vient de le dire, se ranger autour de l'adage : *Magis ut valeat.*

Cet adage est né de la grande faveur dont jouissaient à Rome les testaments, et du point d'honneur que les Romains attachaient à leur exécution.

Cette sollicitude, le droit a dû l'étendre aux autres actes; c'est qu'il leur doit à tous la même assistance, la même garantie, quand les conditions de validité sont remplies, quand la nécessité ou une haute utilité publique proclamée d'avance n'en commande pas l'annulation ou la modification.

Nul n'est censé avoir voulu faire un acte illusoire ou nul, et l'on peut voir l'expression d'une vérité générale dans ce que dit Ulpien du soldat qui, ayant entrepris de tester selon le droit commun, est surpris par la mort avant qu'il ait pu accomplir toutes les formalités requises; son testament vaudra par privilége militaire, car, ajoute ce grand jurisconsulte,

Nemo credendus est genus testamenti eligere ad impugnanda judicia sua. (L. 3, ff. de *Test. mil.* 29.)

De cette présomption que l'homme ne peut vouloir dépenser la vie en actes vains, naît celle que Dumoulin exprime en termes si énergiques : « La volonté humaine n'est pas présumée » restreindre ses actes à ne valoir que d'une certaine ma» nière. »

D'après les mêmes principes, préférence *dans le doute* sera due à l'acte destiné à protéger d'autres actes menacés, par exemple à l'acte interruptif d'une péremption.

Le péril dans l'application est en raison même de la fécondité de la règle : il est clair, par exemple, que *dans les accords*, si l'*on ne peut découvrir* ce que les contractants ont voulu, c'est par d'autres principes qu'il faudra se diriger. Mieux vaudra ne rien exécuter que de s'exposer à imposer des obligations auxquelles on n'aurait pas consenti.

Si la nullité n'annule les actes, si le vice ne les vicie que le moins possible, à plus forte raison ce qui n'en est que superflu, inutile, surabondant.

Ainsi l'adage *Utile per inutile*, cette grande règle de droit et de bon sens, pour employer ici les expressions de M. Merlin, sera partout le droit commun, et devra être invoquée toutes les fois que le droit public, que la nature de l'acte, ne résistera pas à son application. C'est le principe des exceptions, si bien posé par Dumoulin. On pourrait en ajouter une autre; la loi, par exemple, est un acte, et le plus solennel de tous; et toutefois qui oserait dire, en législation : *Quod abundat non vitiat*? L'inutile de la loi enfante souvent des obligations inutiles! L'esprit de la loi est au contraire d'épargner les actes inutiles ou répétés.

Un grand orateur disait, à la Constituante : « Tenez pour prin-

» cipe que tout pouvoir public qui n'est pas nécessaire est par » cela même dangereux et malfaisant. »

Que peut le temps sur le vice originel d'un acte? des maximes célèbres s'occupent de cette haute difficulté.

Quod initio vitiosum est non potest tractu temporis convalescere.

Le droit dénie au temps seul le pouvoir d'introduire, valider, ou détruire les actes ou les effets des actes, les obligations.

Tempus non est modus firmandæ, inducendæ, vel tollendæ obligationis.

Si le temps paraît opérer de tels effets, c'est qu'on ne remarque pas qu'il amène dans son cours des volontés changées ou persévérantes, des acquiescements ou des résistances, quelquefois des causes nouvelles faites pour influer sur ces volontés. C'est à la volonté seule qu'il est donné de suppléer à l'imperfection ou au défaut de l'émission primitive de la volonté.

« Comme le temps n'est pas, a dit un des pères de la jurisprudence française, un moyen d'établir ou d'éteindre de plein droit » une obligation, il ne doit pas non plus avoir la vertu de confirmer seul un acte nul en soi. » (V. *Rép.* v° *Nullité*, § 6.)

Ces considérations contiennent le germe de ces exceptions que le droit fait connaître, et qui jettent presque autant d'éclat que la règle; les unes sont formulées par la maxime suivante :

Res ab initio vitiosa convalescit, si, superveniente causâ novâ, pervenit ad eum statim à quo potuit incipere.

Ou elles dérivent du droit public.

« Souvent, dit d'Aguesseau, ce qui n'est pas valable *ab initio* le devient *tractu temporis* : les mariages, par exemple. » Pourquoi? parce qu'il s'agit d'une question d'état, et qu'il n'y » a rien de si important que de l'assurer à ceux qui en jouissent » par une possession longue et paisible aux yeux du public. »

Le droit politique repousse généralement l'application de la règle; c'est que là il faut laisser souvent à la main du temps la puissance de réparer et de guérir. On sait qu'après les maximes qui ont fait connaître ce que peut le temps, ce que peuvent les événements postérieurs sur les actes vicieux de leur principe, l'ordre logique appelle les maximes relatives à l'influence exercée par les mêmes causes sur les actes valables dans leur principe.

La doctrine repose ici sur des distinctions subtiles, mais vraies :

Ou l'acte est valable, mais sans être arrivé à sa perfection, et dans cet état il reste exposé aux influences qui surviennent. Un peintre devient paralytique, après avoir promis de faire un tableau, etc. C'est le cas de la fameuse maxime :

Etiam ea quæ rectè constiterunt resolvi solent quùm in eum casum reciderunt à quo non potuissent consistere.

Ou l'acte est non-seulement valable, mais a encore atteint le dernier degré de maturité et de perfection. Un tel cas ne peut être régi par la même maxime; il y a fait accompli. L'acte ne sera pas anéanti lors même que les faits postérieurs auraient ramené les choses au point où il ne pourrait prendre naissance :

Non est novum ut quæ semel utiliter constituta fuerunt durent, licèt ille casus extiterit, a quo incipere non possunt.

Cette belle exception repose sur ce respect pour les faits accomplis de bonne foi, pour les positions faites, qui est partout l'esprit du droit. Un effet une fois bien accompli ne doit pas toujours cesser avec sa cause. On ne doit pas trouver étrange dans les effets civils ce qu'on observe dans les effets naturels; car, bien qu'ils aient besoin du concours de plusieurs causes pour recevoir l'être, ils le conservent ensuite indépendamment de ces mêmes causes.

On se gardera bien, dans l'exposition méthodique, de glisser sur des maximes d'une telle portée.

L'extinction, la dissolution, le sommeil et la résurrection des actes sont des phénomènes qui remplissent le droit; les maximes qui en reproduisent les phases diverses compléteront la pragmalogie.

L'acte une fois éteint ne revit plus.

Semel extinctum in jure non reviviscit.

L'acte qui ressuscite n'était pas mort; il dormait:

Non à morte, sed à somno resurgit. (Toullier.)

On conçoit combien de telles maximes comportent peu l'absolu; mais elles ont le mérite de rallier autour d'elles toutes les notions essentielles de la matière.

Telle se fait, telle se défait.

Contrariis suis quæque dissolvuntur. La science du droit a des maximes pour approprier ce vieil axiome aux besoins divers de la vie civile. De ces règles, la plus célèbre est la loi 35, ff. *de Reg. jur.*)

C'est la volonté qui délie ce qu'elle-même avait lié, et de la même manière; rien de plus naturel.

Ce retour, cette réaction de la volonté sur l'œuvre de la volonté a beaucoup occupé la science. Avant que l'acte ait produit son effet, ait atteint son but, un intérêt peut surgir contraire à l'intérêt qui l'a fait éclore. La volonté encore une peut défaire son ouvrage: a la volonté de faire et défaire! Cette prérogative est de son essence, et, loin de la méconnaître, le droit à dû la consacrer en formulant les maximes qui en règlent l'exercice. L'acte n'existant encore que dans le consentement des parties, peut sans perturbation être détruit par un consentement contraire.

Le droit, en général, exige, pour *défaire* et *délier*, ce qu'il avait fallu pour *faire* et *lier*.

Le droit exige et les mêmes formalités et le concours des mêmes volontés. Une des volontés de moins, et l'acte résiste à la dissolution; le lien reste dans toute sa force en faveur de cette volonté.

Mais quand la volonté a cessé d'être une volonté nue, qu'elle s'est en quelque sorte vêtue de réalité, que l'effet que s'est proposé l'accord a commencé, l'acte a pris son rang parmi les faits, et la volonté ne peut faire que ce qui est ne soit pas ; le privilége des volontés de revenir sur elles-mêmes cesse dès que les choses ne sont plus entières. Alors les volontés qui s'accordent à changer enfantent un nouvel acte, mais ne peuvent défaire l'ancien :

Potiùs novus contractus quàm distractus.

C'est en ces idées principales que se résume la doctrine de la dissolution des actes par des volontés contraires.

Nul principe ne plane de plus haut sur les affaires humaines et le droit tout entier. C'est que nul n'est plus conforme à l'essence de la volonté, plus conforme à la raison : aussi doit-il en général s'appliquer aux actes de la vie politique comme aux actes de la vie civile, à la loi (*Lex lege tollitur*); aux compétences, aux autorisations, aux contrats de mariage avant la célébration, aux moyens d'acquérir et de perdre : *Iisdem modis res desinunt esse nostræ quibus acquiruntur.*

« Le bon sens veut, dit M. Merlin, que chaque chose se dé-
» truise par un acte du même genre que celui qui l'a créée et
» avec lequel elle est incompatible. »

Il y a des exceptions sans doute, mais la loi les proclame ; elle règle elle-même le mode de certaines dissolutions, facilite quelquefois le retrait de la volonté. (C. c., art. 1035, 1282.)

On voit que tous les points de cette doctrine reposent sur des maximes ; c'est le caractère des bonnes théories, et la preuve qu'elles ont occupé longtemps l'esprit humain.

CHAPITRE IX.

Maximes qui se rapportent aux causes efficientes des obligations et des droits, ou droit-maxime efficient.

Après cet essai de la classification des adages qu'embrasse le droit-maxime abstrait, il s'agit de se livrer au même travail sur le droit-maxime appelé par opposition droit-maxime concret.

Les maximes consacrées aux causes efficientes des obligations et des droits s'offrent les premières ; elles sont comprises sous le titre de droit-maxime efficient.

Quelles sont ces causes efficientes d'obligations? Les lois de diverse nature, ou ce qui tient lieu de lois; en d'autres termes, des volontés émises, engagées, précisées, déduites, etc. ; car il faut que tout remonte et se rattache à la volonté de l'obligé. Quiconque est obligé a commencé par vouloir ; là est le principe et la force vraie de l'obligation. S'il en est ainsi, c'est dans les différentes manières de vouloir qu'il faut chercher le principe de classification.

A la volonté *implicite*, c'est-à-dire à la volonté déduite des faits primitifs, des faits sociaux, de certains faits particuliers, se rattachent les lois naturelles, sociales, civiles, causes fécondes d'obligations.

La volonté *explicite* produit l'obligation expresse, au moyen de ces conventions qui sont aussi des lois.

Ces divisions sont marquées par des maximes. Le premier rang est dû à celles qui se rattachent à la volonté implicite déduite des faits primitifs, et qui se rendent en quelque sorte les organes de la loi naturelle.

L'organisation, les facultés de l'homme, sa condition sur la terre, ses rapports essentiels avec l'homme et les choses, telles sont les données nécessaires, les grands faits primitifs dont la raison humaine proclame les déductions sous le nom de *lois naturelles*.

Ces déductions logiques des faits primitifs, peu importe qu'on les appelle *principes* avec Bentham, ou par métaphore, si l'on veut, loi naturelle, avec Montesquieu. Au surplus, le droit-maxime n'est point appelé à répudier une dénomination consacrée par plusieurs axiomes de droit, et que sa tâche est de recueillir et de classer.

Ces lois se rapportent à la volonté de l'homme, à sa volonté permanente, puisqu'elles découlent de sa nature et de ses rapports. L'homme ne peut que vouloir ce que la nature rend nécessaire; il veut essentiellement obéir à cette nature, de laquelle il tient la faculté de vouloir. Quand il s'est écarté de cette volonté type, il y revient; il y reviendra demain; là est donc sa volonté permanente.

Après quelques maximes consacrées en termes exprès au droit naturel, on trouve qu'ici les maximes se rangent en quelque sorte autour des principes suivants : *raison*, *nécessité*, *justice*, *morale*, principes qui rentrent l'un dans l'autre, et qui ne sont que les diverses faces d'une seule et même chose.

La réunion de ces principes et de leurs conséquences premières constituerait le *droit naturel primitif*. Quand aux faits primitifs dont il découle se joint le fait général de l'institution sociale, l'application du droit naturel primitif à cette position prend le nom de *droit naturel secondaire*. L'un et l'autre droit se confondent souvent dans les maximes.

Ratio naturalis vim legis habet. — *Ratio non clauditur loco.* Il y a sans doute une sorte de trope à appeler *loi* l'instrument intellectuel qui sert à la découvrir; toutefois il y a pour l'humanité grande importance à faire reconnaître la souveraineté de la raison sur toute autre souveraineté prétendue, le temps, la force, les faits accomplis, l'autorité des maîtres, le droit divin, etc.; de cette raison que Sénèque appelle, *magistra rerum omnium ratio, semper ad naturæ voluntatem accommodata*, maîtresse suprême de toutes choses, organe retentissant des volontés de la nature, source unique de tout droit.

Que veulent les sciences morales? Rendre cette raison partout explicite et puissante dans l'ordre civil et politique : *Ratio recta, explicita, ad naturæ voluntatem accommodata.*

Comment la raison ferait-elle jamais faute à cet ordre social, œuvre de raison par excellence? Nulle collision réelle n'est possible entre les préceptes de la raison et les vraies exigences de la société civile.

N'est-ce pas la raison qui assure *provision* à la possession reconnue, à la règle, cette grande nécessité civile, bien que nulle raison n'apparaisse et n'explique cette règle : *Non omnium quæ constituta sunt ratio reddi potest.*

L'école qui exagère l'importance de l'élément historique tend à égarer l'attention loin des fins sociales, à revêtir le temps, la gradualité, d'une partie de l'empire de la raison. La raison ne répudie pas les appuis historiques; mais elle peut s'en passer pour cela seul qu'elle est la raison.

C'est à tort qu'on a voulu opposer à la souveraineté nationale la souveraineté de la raison, dans ces paroles si belles d'ailleurs : « Il est permis d'en appeler de la souveraineté du peuple à une » autre souveraineté, la seule qui mérite ce nom, souveraineté supérieure aux peuples comme aux rois, souveraineté immuable » et immortelle comme son auteur, je veux dire la souveraineté » de la raison, seul législateur véritable de l'humanité. »

« Je sais, dit l'orateur qui répond, qu'alors même qu'une loi » serait le résultat de votes unanimes, cette loi serait encore » subordonnée à la condition d'être juste et raisonnable. » (M. Odilon-Barrot.)

Mais à cette condition intrinsèque, c'est aussi la raison qui, dans les états libres, ajoute une condition extrinsèque, la sanction des volontés qui sont appelées à y concourir, concours qui est la plus forte garantie humaine de l'accomplissement de la condition d'être juste et raisonnable. La souveraineté du peuple n'est donc qu'une des faces de la souveraineté de la raison; et la prérogative de l'homme collectif ne peut pas être plus étroite que celle de l'homme individu.

Après ces maximes, s'offre le groupe des adages consacrés à l'expression du principe de nécessité : *Nécessité ne connaît de lois.* (Loysel.)

C'est un retour subit au droit naturel réveillé par l'impuissance du droit ordinaire. Sa voix domine toute autre voix. Elle dicte ou exceptionne la loi, la suspend, la modifie ou l'abroge, courbe les conséquences des principes; c'est elle qui fonde la prescription, qui abandonne aux juges une foule de choses que la règle ne peut atteindre; la nécessité perce et s'offre à chaque pas dans l'ordre social sous des noms divers. Au premier degré, c'est le besoin; sous le nom de pauvreté, elle arrête le cours d'un grand nombre de lois : *Qui n'a ne peut.* Surgie tout à coup, elle prend quelquefois le nom *d'urgence : Res celeritatem desiderat.* L'urgence rend tout juge compétent. La nécessité met la prudence à la place du devoir : *Souffrir ce que l'on ne peut empêcher;* elle constitue la justice de la peine, tout ce qui est nécessaire est juste. Sous le nom *d'impossibilité,* elle relâche ou brise les liens de l'obligation et de la responsabilité : A *l'impossible nul n'est tenu; Culpâ caret qui scit, sed prohibere non potest.* Des maximes doivent tenir en garde contre la nécessité factice ou fausse, ou avertir de la cessation de la nécessité vraie, signal du retour au droit ordinaire.

Les maximes qui se rapportent à la justice sont plus nombreuses; elles constituent le droit commun. La justice place et retient dans la règle; la nécessité jette en dehors et se crée des règles à part. La justice déduit et embrasse les droits et devoirs rigoureux. L'équité, quand elle n'est pas synonyme de justice, n'est que la justice tempérée par l'humanité. Quelquefois elle lui est opposée; c'est quand la justice représente la règle, et l'équité les circonstances d'un fait donné. La raison conduit à la justice, se confond avec elle : *Ratio in jure æquitas integra*. La raison en droit, c'est l'équité parfaite.

L'élément radical de la justice, c'est l'égalité : *Prima pars æquitatis æqualitas*.

La justice ne serait qu'une conséquence éclatante de l'égalité naturelle entre les hommes; elle gît en effet en ce point qu'étant tous égaux par la nature, l'un ne peut s'arroger plus de droit que l'autre n'en a concédé, il faut qu'un pacte conventionnel légitime le surplus du droit : *In eo tantùm sita est justitia, ut cùm æquales naturâ omnes simus, alter non arroget sibi plus juris quàm alteri concedat, nisi id juris sibi pactis acquisitum sit.*

Quelquefois même la justice, c'est l'égalité pure, l'égalité seule : *Si non fuerit portio adjecta, dimidia pars debetur.* (L. 16, ff. *de Verb. Sign.*)

De cette notion fondamentale sortent celles de réciprocité, de balance, d'équilibre, de corrélation entre les avantages et les charges; la réciprocité, l'un des principes de justice des lois sociales : *Ipsi et in ipsum competunt, quod quisque juris statuerit in alterum*, etc.

L'égalité, l'équilibre serait rompu si l'accusation ou la demande était seule écoutée, si l'une des parties pouvait ce qui serait interdit à l'autre : *Non uni licet quod alteri non permittitur;* si la partie fidèle à son engagement ne pouvait obliger l'autre à le remplir. La même justice commande de graduer les peines : *Non debet culposus æquè teneri ac dolosus.*

Au principe de justice succède celui de morale. La législation et le droit ont déjà consacré, sous le nom de justice, cette partie de la morale qui embrassant les droits et les devoirs parfaits, était susceptible d'une sanction directe et efficace. Ce qui reste forcément en dehors est la morale proprement dite. L'examen des rapports que le droit conserve avec cette dernière partie de la morale qu'il n'a pu armer d'une sanction positive, serait d'un grand intérêt; il s'y attache une famille nombreuse de maximes fréquemment invoquées au barreau ; le premier de ces rapports est l'accord toujours présumé du droit et de la morale :

Jus civile non debet calumniari.

Le droit et la loi, après avoir pris à la morale ses préceptes les plus essentiels à la société, et les avoir armés d'une sanction pénale, éprouvent encore le besoin continu d'y chercher un supplément et un appui: témoin le serment, témoin cette nécessité incessante d'emprunter à la morale ces présomptions que la loi consacre ou interroge, qui, au moindre bruit, retentissent comme autant d'échos dans nos sanctuaires de justice : *Semel malus semper malus... Plus sperant homines in facultatibus suis quàm in iis sunt... Nemo repentè turpissimus*, etc. ; présomptions qui, si elles pouvaient cesser d'être vraies ou le devenir moins, fausseraient le droit et la législation.

Le droit secouru par la morale doit la secourir à son tour : c'est le pacte d'une sorte d'assurance mutuelle : le droit lui rend un solennel hommage en déclarant qu'il n'approuve pas tout ce qu'il permet :

Non omne quod licet honestum.

Aussi, la sanction de la morale par la loi et le droit est-elle le droit commun ; le refus de sanction, l'exception justifiée par des nécessités, dictée par l'intérêt même de la morale.

« La manifestation d'un désordre caché blesserait beaucoup » plus la morale que la réparation d'un dommage individuel » ne pourrait la servir. »

Le droit néglige encore quelques faibles atteintes portées à la morale quand leur répression inconsidérée porterait des atteintes plus graves à cet ordre civil, à l'abri duquel la morale règne et fleurit.

Licet se invicem circumvenire (*in venditione*).

En mariant trompe qui peut.

La loi, même dans ses besoins et dans ses détresses, repousse tous les secours que désavouerait la morale, par exemple, le témoignage des parents, l'aveu de l'homme qui s'accuse : *Non auditur perire volens*, etc.

Le droit paie encore sa dette à la morale en cherchant, toutes les fois qu'il le peut, dans ses préceptes plutôt que dans la rigueur des déductions logiques, le principe de la règle : ... *Malitiis non ingulgendum*, etc.

La loi consacre la morale entière en déniant toute sanction à l'œuvre honteuse, à l'immoralité, même procédant contre l'immoralité, toutes les fois que l'œuvre immorale menace, compromet, met en péril des droits parfaits, la propriété, la sûreté, etc. La loi ouvre alors aux droits menacés tous les trésors de la sanction civile, la voie d'action comme la voie d'exception : *Jura dolo non suffragantur. Non auditur allegans turpitudinem suam*; et l'homme social ne pourra utilement ni vouloir, ni conditionner, ni stipuler l'immoral : *Vivant n'a pas d'héritiers*, etc.

Le droit rougirait d'approuver, en faveur d'un but légitime, l'immoralité des moyens, et repoussera le succès même en lui disant : *Malo more gestum est*...

Le droit fortifie la sanction naturelle de la morale, 1° en ne venant pas au secours de la négligence, de la faute : *Quod quis culpâ suâ*, etc.; *Non negligentibus subvenitur*;

2° En encourageant les qualités morales utiles à la société, par l'emploi d'un habile système de préférence dans ces cas fréquents où il y a nécessité de choisir, où tous ne peuvent jouir d'un avantage, où il est nécessaire que la charge soit supportée par *l'un ou l'autre*. Ainsi le droit préfère celui qui souffre à celui qui se trompe,... l'exempt de faute à qui aurait failli,... le plus diligent, au négligent ou au moins diligent,... celui qui veille à celui qui dort... : *Qui prior tempore potior in jure... Jura vigilantibus...*

Enfin, quand la morale parle haut, le droit l'admet souvent à tempérer de rigoureuses exigences.

Res non amare tractandæ inter conjunctos, etc.

Mulier non debet abire nuda.

Afflicto non debet addi afflictio, etc.

Tels sont, plus ou moins indiqués par des maximes, les rapports que la législation et le droit entretiennent avec cette vaste partie de la morale qui a dû rester en dehors de la sanction pénale ou civile.

Volonté implicite déduite des faits sociaux.

Une autre source d'obligations est la volonté implicite déduite des faits sociaux. Le seul fait général du séjour de l'homme dans la société civile est un principe valable de soumission aux lois qui la régissent, aux lois fidèles aux conditions essentielles. Platon, pour expliquer comment les lois étaient obligatoires pour tous, disait que cela n'avait rien d'injuste, parce que les portes d'Athènes étaient ouvertes pour ceux qui ne voudraient pas s'y soumettre. Un principe plus noble et plus puissant vient dans les états libres ajouter à la force obligatoire de la législation, c'est le concours plus ou moins direct des sujets de la loi à la formation de la loi.

Des maximes ont dû réfléchir toutes les faces de cette loi, que tous ont tant d'intérêt à bien connaître; la nécessité : la nature, l'objet et l'essence de la loi, sa souveraineté, ses conditions et ses abus, sa rédaction, ses phases diverses et sa durée, ses divers modes de disposer et de vouloir, ses rapports de corrélation et d'ensemble, sa sanction propre, c'est sous ces titres que se placent les maximes sur la loi qu'on trouve éparses dans tout le droit. Il faut encore s'entendre; ce n'est pas ici une théorie *à priori* de la loi abstraite, laquelle on aurait le droit d'exiger complète et en harmonie avec l'état actuel des sciences; mais une doctrine de la loi plus ou moins cohérente, telle que des maximes successivement introduites l'ont faite.

L'individualité est l'élément le plus contraire à l'élément vrai de la loi, la généralité des personnes et des choses. L'individuel, le rare, le phénoménal répugnent à la nature. Les lois individuelles ne seraient ni des lois, ni des jugements. Une classe de maximes présente cette vérité sous divers aspects: *Lex est commune præceptum quod semel aut bis*, etc. *Ad ea potiùs debet aptari lex*, etc.

Une volonté intelligente appliquée à un objet, tendue à une fin, une intention précise, *mens*, *ratio*, est de l'essence de la loi: *mens est essentia legis*. De cette première maxime, une foule de maximes-conséquences: savoir la loi, ce sera avoir saisi cette âme de la loi, et non s'être borné à en avoir appris les mots: *Scire leges non est earum verba tenere*, etc. C'est de cette âme de la loi que les termes dans lesquels elle est conçue tireront, et leur valeur, et leur sens extensif ou restrictif: *Legis ratio ampliat et restringit*, etc.

La souveraineté de la loi, cette âme de la société civile, se déploie pour ainsi dire dans une série de maximes consacrées: *Lex domina est... Omnis à lege potestas... Legibus non exemplis. Conscientia legis vincit*, etc.

Cette puissance n'est ni inconditionnelle, ni illimitée: des maximes posent et ces limites et ces conditions, *sunt leges legum*. Ces conditions intrinsèques embrassent toutes les exigences de la justice et de la raison, tout ce qui constitue la bonté absolue et relative de la loi : *Civitatis ratio pro rectâ habenda est. Lex futuris, non præteritis*, etc. La volonté, c'est le dernier acte d'une délibération. Or, l'inique, l'insensé, l'individuel, le passé, rien de cela n'a dû ni pu être mis en délibération. D'autres maximes sont consacrées aux conditions extrinsèques de la loi, aux modes divers de sa formation, de son émission, sa promulgation, sa rédaction. *Non obligat lex nisi promulgata. Lex incipiat à jussione. Nulla lex sibi soli conscientiam justitiæ suæ debet*, etc.

Quand les conditions essentielles sont violées, méconnues, etc., il y a abus de la loi. *Leges iniquæ*, s'écrie Dumoulin, *maledicuntur à Spiritu sancto! Non sunt pejores laquei quàm laquei legum*, etc.

De ces maximes, on arrive à celles qui représentent la loi fonctionnant, voulant, disposant; qui considèrent les phases, les degrés, les modes de la volonté de la loi, son langage ou son silence; la *mention* ou l'*omission*; la *défense* ou la *permission*; la *généralisation* ou la *distinction*; l'*exemple* ou l'*énumération*, etc.; vaste classe de maximes, que les bouches les plus savantes ne dédaignent pas de citer : *Lex non omisit incautè; quod tacuit noluit. Ubi lex non distinguit, exemplum explicat, non restringit*, etc.

Vouloir ne suffit pas, il faut aux lois un vouloir efficace : de là les maximes sur la sanction *propre* de la loi. La loi qui ne fait rien pour elle-même, pour sa sanction, est une loi imparfaite : *Minùs perfecta lex est quæ vetat aliquid fieri, et si factum sit non rescindit.*

Vient enfin cette classe de maximes qui considèrent la loi dans sa durée. Une présomption de durée et de vie, accompagne la loi et la protége :

Lex est semper in viridi observantiâ.

A quiconque avance qu'une loi n'est plus, ou qu'elle n'est plus telle, la charge de prouver qu'elle a réellement failli dans l'un des éléments de son essence, la volonté ou la raison de la volonté, *in voluntate vel in ratione voluntatis!*

On ne devait pas moins à la loi établie pour l'utilité perpétuelle et générale de la société ; mais la présomption perd de sa force quand il s'agit d'une loi née du moment, produite par les circonstances : *Statuta quæ manifestò temporis leges fuere, mutatâ ratione temporum*, etc. (B. Aph.)

On devait aussi à la loi bien établie, et qui a duré, de lui supposer toujours un motif, une raison, bien que cette raison n'apparaisse pas : *Non omnium quæ constituta sunt ratio reddi potest.*

Lex lege tollitur. La loi subsiste tant qu'elle n'a pas été révoquée par un acte des pouvoirs institués pour la faire; telle est la maxime normale. Elle acquiert encore plus de force dans les états libres, où le législateur, annuellement convoqué, peut et doit rapporter toute loi inharmonique.

Toutefois, la société ne peut renoncer à cette portion intime de souveraineté qu'elle se réserve sous le nom d'*opinion*, qui ne prend les lois qu'à l'essai, s'identifie avec les bonnes, laisse tomber les lois peu utiles ou inassorties, et, selon l'expression d'un publiciste, balaie chaque jour les lois antipathiques au temps présent. De là, nécessité de maintenir les maximes aujourd'hui exceptionnelles : *leges tacito consensu tolluntur. Ratione legis omninò cessante, cessat lex*, etc.

Si la perpétuité va assez mal aux choses humaines, si le droit humain ne peut faire un pacte éternel avec le temps : *nihil est in conditione humani juris quod perpetuò stare possit*, il n'en est pas ainsi de la durée relative : il y a tant d'avantages qui ne se développent que par la durée et dans la confiance d'un large

[1] Un jour, quand l'omnipotence parlementaire, cet intrus de notre droit public, sera mieux jugée, on consacrera cette maxime-exception : « La loi fondamentale » doit être hors de portée du pouvoir qu'elle consacre ou qu'elle sanctionne. » (Pagès.)

avenir, que l'on doit enregistrer et accueillir toutes les maximes qui ont mission d'assurer aux lois sages la durée qu'elles comportent, sans contrarier cette tendance continue du bien au mieux, l'une des lois naturelles et l'un des symptômes de vie des sociétés humaines : *Melioribus inventis acquiescendum*.

Un dernier groupe rassemblera les maximes qui retracent les divers rapports de la loi avec ses diverses parties et des lois entre elles.

Incivile est nisi totâ lege, etc. *Latitudo legis ex corpore legum... Posteriores leges ad priores*, etc. Œuvres des mêmes volontés, les lois ne seront pas censées se contredire : *leges legibus concordare promptum est.* Il est des lois qui s'attirent en quelque sorte, se groupent, et, se combinant avec des principes et des règles, prennent des noms appropriés. Il y a des maximes sur le droit *commun, jus commune*, sur le droit *singulier* ou *exorbitant, jus singulare*, sur le *plein droit*, etc.

Il est rationnel de faire succéder aux maximes sur la loi proprement dite les maximes consacrées à ses équipollences, ses tenant lieu, à tout ce qui l'imite ou la supplée. Nous avons parlé ailleurs des règles-maximes de l'analogie, qui étend la loi commune des cas prévus par elle aux cas semblables; de la force de loi civile supplémentaire attachée à la loi naturelle : *Hæc æquitas suggerit, etsi jure deficiamur.*

A la suite de la loi, pour l'affermir et en remplir les lacunes, marche la jurisprudence :

Série d'arrêts semblables vaut loi.

Judicia anchoræ legum sunt.

A défaut de loi, l'ordre social qui vit de règles, est heureux d'en trouver dans l'ancienneté.

Ancienneté a autorité.

Vetustas vicem legis obtinet. (Loysel.)

C'est encore à défaut de loi que l'exemple, que le précédent est invoqué, sommé en quelque sorte d'en tenir lieu ; et l'ordre social n'a point à attendre la consécration du temps : l'intérêt d'éviter jusqu'à l'ombre de l'arbitraire est tel, qu'il suffit à ses yeux qu'une chose ait été hier de telle manière, sans réclamation, pour qu'elle serve de règle à celle qui sera faite aujourd'hui. Cette puissance du précédent a pour condition la *publicité :* c'est que le précédent ou l'exemple n'a, comme l'ancienneté, de force réelle que celle qu'il puise dans la volonté tacite déduite du défaut d'opposition :

Exempla...... tanquàm lex tacita.

Exemplis quæ publicata fuere plus auctoritatis tribuendum.

Il y aurait lacune dans le droit-maxime s'il n'offrait des règles adagiques destinées à mettre les esprits en garde contre l'abus trop fréquent de cette puissance attachée à l'exemple, à l'ancienneté.

Quod non ratione sed errore primùm, deindè consuetudine, obtentum est, in aliis similibus non obtinet......

Legibus, non exemplis... — Une fois n'est pas coutume.

On ne peut que marquer ici la place des maximes qui se rapportent aux *lois privées*, maximes qui trouveront ailleurs leur développemen :

Dicat testator, et erit lex.

Volonté implicite déduite de faits particuliers ou spéciaux ; maximes qui se rapportent aux obligations qu'elle produit.

La volonté implicite est une cause féconde d'obligations, soit qu'on la dégage en quelque sorte des faits primitifs, des faits généraux qui l'impliquent ; soit qu'on la fasse sortir de certains faits particuliers et spéciaux où elle est en quelque sorte enveloppée spontanément ; sans mandat, j'ensemence le champ de mon voisin, dont l'absence, sans procuration et sans nouvelles, se prolonge. De ce fait, ou plutôt de la volonté qu'il implique, naissent aussitôt des obligations et des droits respectifs. Si, dans des faits d'une autre nature, la volonté est moins marquée ou plus flottante, plus indirecte, elle n'en est pas moins volonté. Je retire des flammes ou je trouve une lettre cachetée portant une adresse connue : je suis obligé de la remettre, parce que le fait de la retenir impliquerait une volonté vague de nuire à quelqu'un. Mon navire mal dirigé aborde le vôtre, qui est à l'ancre, et le fracasse . je dois réparer le dommage. Le fait d'avoir embrassé la profession d'armateur ou de capitaine emporte volonté implicite de réparer les dommages auxquels son exercice ou l'inexpérience m'expose, réparation que *j'exigerais si j'étais à la place de celui qui a souffert le préjudice.* M. Toullier, se rapprochan. en cela de Bentham, repousse les contrats, les mandats tacites : *La loi seule oblige*, dit-il. Ces faits ne sont que la cause occasionnelle de l'obligation ; les faits en seraient au contraire, selon nous, la cause efficiente, en ce qu'ils contiennent implicitement cette volonté, qui est le principe générateur de toute obligation. La loi n'intervient ici et ne doit intervenir que pour mesurer, qualifier, régler, uniformiser les effets de ces obligations et de ces droits qui préexistaient ; que gagnerait-on a cet absolutisme de la loi, à son isolement de toute autre volonté que la sienne? Une mono - volonté pure pourrait-elle être une loi? Disons-le, il y a plus de vraie philosophie dans la doctrine des jurisconsultes romains appliquée à rechercher dans les faits, comme éléments précieux d'obligations, tout ce qui s'y trouve de volonté humaine, et les moindres reflets de l'âme et de l'intention. Craignons de matérialiser une science qui vit d'âme et de morale : *Animus ad se omne jus ducit.*

On reconnaîtra donc que le droit ne peut négliger l'étude du principe d'obligation contenu dans certains faits particuliers et spéciaux, et qu'il importe de considérer à part cette source bien distincte d'obligations et de droits.

Cet ordre de maximes se partage en deux grandes divisions :

maximes qui s'occupent des obligations produites par le fait propre ou personnel; maximes qui considèrent le fait d'autrui comme engendrant ou n'engendrant pas obligation.

Maximes sur les obligations naissant du fait propre ou personnel.

Nulle maxime plus générale, plus nécessaire à l'ordre social, que celle qui proclame que nul ne peut raisonnablement aller à l'encontre de ses faits, les critiquer, les impugner, entreprendre, par exemple, en appel un jugement conforme à ses conclusions :

Factum suum nemo rectè impugnat.

Parmi les faits licites, les uns n'obligeront pas, les autres obligent.

Le conseil donné sans fraude ne peut être un principe d'obligation.

De consilio nemo tenetur.

Cette irresponsabilité est la conséquence de cette large maxime de droit naturel : *Officium suum nemini damnosum esse debet :* C'était une violation de cette maxime que la disposition de la coutume de Bretagne, adoptée par le projet de Code civil, qui rendait les nominateurs responsables de la gestion du tuteur. La maxime reçoit en droit politique une exception célèbre. Le conseiller de la couronne est toujours responsable de ses conseils; c'est une conséquence de l'inviolabilité du monarque dans les états représentatifs. Toute action humaine doit avoir sa responsabilité quelque part.

Si vouloir c'est finir de délibérer, on ne peut concevoir une volonté sans précision de l'objet de la volonté; l'ambiguité des faits exclura donc toute idée de vouloir, et partant d'obligation.

Hæredem non faciunt ambigua facta.

Les faits licites qui emportent obligation remplissent le droit :

facta honesta quibus nascitur obligatio ex re et negotio ipso. C'est le vaste champ des obligations humaines. La vie civile s'en compose presque entièrement, et s'en trouve bien : son cours serait en effet souvent interrompu, s'il fallait toujours recourir à des obligations explicites et formulées.

Ainsi, professer un art, c'est promettre l'habileté et l'expérience qu'il exige :

Spondet peritiam artis suæ; vaste contrat qui enveloppe toute la société de ses liens tacites mais forts, et vaut mieux que toutes les maîtrises du monde.

Nul ne reçoit la chose d'autrui qu'il n'en doive compte :

Spondet diligentiam negotio gerendo parem.

Accipiendo usuras distulisse creditor videtur.

Qui s'entremet doit achever. — Qui épouse les corps épouse les dettes, etc.

Les faits illicites sont une source tristement féconde d'obligations ; la faute, le délit emportent l'obligation d'indemniser les tiers qui en ont souffert ; c'est qu'il y a dans l'une et dans l'autre volonté, dans le délit, volonté directe de nuire ; dans la faute, volonté de s'exposer aux suites de son inattention, de son inapplication.

Injuria ex affectu fit, damnum ex culpâ.

Des maximes marquent les effets civils de la faute. La faute engage aussitôt la responsabilité de son auteur :

Culpa tenet auctorem.

La faute le prive de tout recours : *Sibi imputet Quod quid culpâ suâ damnum sentit... Sentire non intelligitur... Perdituro pecuniam dedisti*, etc.

Elle fait pencher la balance du côté de celui qui est exempt de faute.

On conçoit que l'auteur du délit est encore plus étroitement et plus directement obligé : *In delictis semper re contrahitur.*

Qui incidit in delictum se obligat.

Les faits d'autrui n'obligent pas et obligent.

En première ligne se placeront les maximes qui, dans l'intérêt de notre liberté civile, circonscrivent et bornent à leur auteur les suites obligatoires du fait d'autrui :

Faits d'autrui n'obligent.

Factum suum cuique, non adversario nocet.

C'est le droit commun; par cela seul que c'est le fait d'autrui, il n'implique que la volonté d'autrui.

Si, en général et de droit commun, *le fait d'autrui n'oblige qu'autrui*, il entre dans l'édifice social une foule d'exceptions importantes formulées par des maximes; il est nombre de cas où le fait d'autrui doit obliger; la loi le suppose notre fait. Cette fiction s'offre souvent dans l'ordre politique et privé, elle anime tout; l'homme réduit au fait propre ne serait pas l'homme social. Il est juste de reconnaître que dans tous ces cas, le fait vu de plus près se rattache à quelque fait antérieur qui nous appartient, qui est nôtre incontestablement; et le droit exceptionnel se fonde en quelque sorte dans le droit commun.

La nature des êtres collectifs, des nécessités politiques, veut quelquefois que le fait d'autrui soit réputé le nôtre; le fait de la majorité est le fait de tous. Ainsi s'est établi le principe de majorité : *quod major pars curiæ effecit*, etc., dans les états représentatifs; fait du monarque, fait des ministres : *factum judicis, factum partis*, etc.

Volonté explicite.

Si la volonté latente, mais qu'un raisonnement facile fait ressortir et dégage du fait qui la contient réellement; si la volonté qui n'a d'autre signe d'émission que le fait même qui l'implique; si la volonté implicite produit des obligations, à plus forte raison la volonté qui se manifeste par les signes convenus ou usités pour l'émettre, la volonté explicite, duement émise doit-elle lier et obliger les hommes. Il y a plus encore de faits ambigus que d'expressions équivoques; l'interprétation des paroles et des écrits est ordinairement plus facile et plus sûre que celle des faits. La loi doit donc tendre à favoriser et généraliser, autant que le permet la nature des choses humaines, les engagements explicites. C'est le type de l'obligation de l'homme en société. Les paroles, les écrits, les déclarations prescrites ou spontanées, expliquent et interprètent d'avance l'acte qui les suit et lui ôtent tout ce qu'il pourrait avoir sans cela de louche et d'ambigu. Le plus ordinairement l'élément-volonté plus ou moins à découvert est le lien de parenté qui unit toutes les sources d'obligation. L'émission de volonté dont un tiers peut se prévaloir est aussi une *loi*. S'il y a crime et délit à violer la loi proprement dite, il est grave de tromper la foi donnée:

Grave est fidem fallere.

Des traités exposent et développent avec supériorité les maximes de cet ordre; et le droit-maxime aura ici moins d'efforts à faire.

Les éléments communs aux diverses émissions de volonté, leurs rapports avec la loi, les limites que les volontés rencontrent, la monolatéralité, la synallagmaticité, les dénominations des actes ou instruments d'émission de volonté, le virtuel, les accessions diverses, c'est à ces titres féconds que peuvent être rapportées les maximes sur les obligations, en tant surtout qu'elles sont produites par la volonté explicite.

C'est au prix de quelque liberté qu'on s'assure ou qu'on recherche quelque avantage. Ce sacrifice de liberté, fait pour ainsi dire des mains mêmes de la volonté au profit du tiers dont nous attendons l'avantage, est ici le premier et le plus essentiel des éléments; ces œuvres de volonté, appelés engagements, sont:

Signa voluntatis quibus libertas aliqua tollitur.

De telles émissions de volonté sont obligatoires, car où finit une liberté, là commence une obligation.

Ubi enim libertas desinit, ibi incipit obligatio.

Contractus ab initio voluntatis, posteà necessitatis.

Réclamer liberté après convention ne peut.

Les rapports mutuels de la loi et des émissions obligatoires de volonté ont enfanté un grand nombre de maximes, gages de leur haute importance. Il y a commerce continu entre la loi et la convention. L'une est souvent appelée à suppléer l'autre.

Ubi non invenitur conventio, lex quærenda est (et vicissim).

Aussi y a-t-il dans toutes les législations un ordre entier de lois destinées à vouloir pour l'homme qui a négligé de vouloir ou ne l'a pas pu, à compléter l'émission imparfaite de sa volonté, à fixer dans le silence des parties l'étendue des obligations et droits naissant de chaque accord; et alors encore l'homme a voulu, car c'est vouloir que de s'en rapporter à la loi, qui elle-même prend pour règle la volonté présumée de l'homme. Ces lois s'effacent devant la volonté de l'homme quand la manifestation de cette volonté ne laisse rien à désirer :

Convenances vainquent lois.

Provisio hominis tollit provisionem legis.

Silet quandò titulus clamat.

Sans la garantie, sans la sanction légale des engagements et des accords, l'homme trouverait encore la guerre dans cette société civile, instituée pour la faire cesser ou la prévenir.

Mais il est clair que cette sanction de la loi ne peut être *inconditionnelle.*

La loi, qui n'est qu'un des modes de vouloir de la société, ne peut sanctionner ce qui amènerait la ruine de la société, l'immoral et l'injuste. Elle dira, par exemple, aux volontés : « N'embrassez » pas dans vos prévisions de tristes chances, ne spéculez pas sur » les malheurs qui menacent un tiers. »

« *Nec enim fas est tristes casus expectare.* »

Viventis non est hæreditas.

La loi ne peut sanctionner ce qui méconnaît ou blesse la loi, et surtout les lois qui composent le droit public.

Jus publicum privatorum pactis, etc.

Nemo potest cavere ne leges in suo testamento locum habeant.

La loi ne peut, en dépit de la nature des choses, sanctionner ce qui est nul de soi :

Amplius quàm semel res mea non potest fieri.

Donner et retenir ne vaut.

Ainsi l'homme, dans l'exercice de sa faculté de promettre, stipuler efficacement, rencontrera des barrières posées ou maintenues par la loi dans l'intérêt même de cette faculté ; mais ces barrières sont aussi des appuis, car en deçà tout est consécration, garantie, sanction : il y a des maximes sur les italiennes, ou *la réciprocité d'obligations des parties, sur l'unilatéralité*, etc.

Pacta fiunt mutuo consensu.

Qui compte seul compte deux fois.

Les émissions unilatérales de volonté sont souvent corrélatives à des actes qui ont précédé, ou doivent suivre, ou s'accomplissent, pour les compléter, les parfaire, les changer en contrat, les modifier, les contredire, les corroborer : tels les confirmations, les options, les choix, le don, le bienfait, l'acceptation, le silence, l'intervention, etc.

Qui confirmat nihil dat.

Exécuter et protester ne vaut.

Ratihabitio ad initium retrovenit.

Plusieurs maximes dont on s'est déjà occupé prémunissent l'esprit contre l'influence des dénominations attachées aux actes, et l'avertissent de s'y arrêter bien moins qu'au principe, à la nature, et la fin de ces actes :

Uniuscujusque contractûs initium spectandum et causa.

Contractus magìs ex pactis quàm ex verbis distinguuntur.

D'autres maximes appartenant à notre sujet se rangeront sous les titres suivants : l'accessoire, l'accidentel, l'adjonctif, enfin le virtuel, qui embrasse tout ce qui, découlant de la nature même du contrat ou des effets que la loi y attache, s'y trouve de droit contenu sans qu'il y ait besoin de l'exprimer, etc.

CHAPITRE X.

Maximes qui se rapportent aux obligations et aux droits.

Nous avons vu qu'après le classement et l'étude des maximes qui se rattachent aux sources, aux causes efficientes des obligations, l'ordre rationnel appelait les maximes consacrées aux obligations détachées de leur cause, devenues causes elles-mêmes; que ces obligations prenaient le nom de droits quand on les envisageait du côté de la personne qui pouvait en exiger l'accomplissement.

L'homme social peut se trouver ou être conçu, à cet égard, dans quatre positions différentes.

1° Celle d'immunité : des maximes se rapportent à cet état de l'homme, caractérisé par l'absence d'obligations particulières, ou la cessation de celles qui pesaient sur lui;

2° La position de l'homme à qui des droits sont acquis ou dévolus; des maximes s'appliquent à l'obligation considérée comme droit;

3° La position de l'homme obligé; des maximes s'occupent de l'obligation proprement dite;

4° Enfin, il y a des positions qui peuvent prendre le nom d'états, parce qu'elles résultent d'un ensemble ordinairement durable de droits et obligations.

Ces points de vue marqués par des maximes embrassent l'horizon entier de cette partie vaste et positive du droit, à laquelle toutes les autres aboutissent; toutes, en effet, ont pour fin essentielle de reconnaître, constater, préciser, mesurer, régler, sanctionner, garantir, ratifier les droits et obligations.

État d'immunité.

Pour arriver à mieux apprécier les effets de l'obligation, à mieux connaîre la position de l'homme obligé, il est rationnel de l'étudier quand il ne l'est pas encore, ou quand il ne l'est plus, c'est-à-dire dans l'état d'immunité et de franchise.

L'immunité, l'exemption d'obligation et de charges, est le droit commun, la présomption générale du droit :

Pas de preuve, pas d'obligation.

C'est le droit commun, non-seulement des personnes, mais des choses en faveur des personnes :

Quælibet res præsumitur libera.

L'immunité des personnes; c'est à son établissement, à son maintien que le droit consacre une grande partie de ses forces, et par conséquent de ses maximes.

L'homme social doit trouver dans les maximes, comme dans les lois, des armes toujours prêtes à repousser les jougs qu'on voudrait lui imposer, et qui ne seraient pas l'œuvre plus ou moins immédiate de sa volonté; ce ne sont pas des chaînes, mais des garanties qu'il vient chercher dans l'état social, des garanties efficaces et continues contre tout ce qui tendrait à le soumettre à des obligations fausses, contestées, douteuses, « *Le doute n'offre ni preuves ni obligations,* » à prolonger le règne d'une obligation morte, à resserrer ou à appesantir celle qui existe, à interpréter contre l'obligé le vague ou l'incertitude de l'obligation.

L'homme ne peut être privé que de la portion de liberté clairement exigée par la loi, ou clairement engagée par la promesse. Cette vérité, base de la liberté civile, n'est plus au nombre des vérités spéculatives ou flottantes; des maximes, comme autant d'ancres puissantes, l'affermissent de toutes parts, et l'ont fixée, au plus profond du sol :

Habendum est pro permisso quod nullâ lege prohibitum est.

La loi valide tout ce qu'elle ne défend pas.

Tout ce qui n'est pas engagé reste libre.

Il n'y a au marché que ce qu'on y met.

Ce que l'accord n'attribue pas ne peut être attribué, etc.

Nulle classe de maximes ne forme un système mieux lié; à elles en effet se rattachent une foule de maximes-conséquences :

Donc, toute volonté qui opère isolément, qui n'est pas trempée dans un accord ou un fait antérieur qui en tient lieu, ne peut lier, créer des obligations : *Nemo sibi adscribit.*

Donc, tout ce qui a la prétention de lier une volonté d'homme doit être clair, précis, énoncé en termes clairs, exempts d'équivoques :

Quidquid adstringendæ obligationis est, id, nisi palàm verbis exprimitur, omissum intelligendum est.

C'est le fondement de la fameuse règle : *Ambiguitas contra stipulatorem est.* Le stipulateur, en d'autres termes, celui des contractants qui, au prix de l'avantage présent qu'il accorde, exige de l'autre la promesse d'un fait, d'une omission, d'une prestation future, devra bien expliquer ses exigences, les montrer à découvert, dicter clairement cette loi restrictive de liberté. *Legem apertiùs, dicat,* sous peine de voir l'interprétation se faire en faveur de la promesse : *secundùm promissorem.*

Cette immunité, cette franchise étant, aux yeux du droit, l'état normal de l'homme civil, il faut que le droit penche sans cesse à y revenir, et qu'il ait de fortes raisons, c'est-à-dire des preuves, pour s'en écarter. De là ces maximes : *Promptiora jura ad liberandum.* — *Electio debitoris est.* — *Semper quod minimum*, etc.

Ces maximes n'empêchent pas de tenir la balance entre l'obligé et l'ayant droit; il est clair que, s'il y a preuve de l'obligation, la libération ne pourra être admise sans preuve.

Cette portion de liberté engagée à la loi, à la promesse, une fois prélevée, tout le reste sera droit, sera liberté, sous la seule restriction morale : *Non omne quod licet honestum.*

De là ce droit général, la loi et la promesse sauves, de consacrer à son bien-être la somme de ses facultés : *Prodesse unusquisque sibi licet. — Licet cuique meliorem suam conditionem facere;* et cette foule de droits nommés et innommés qui se rattachent à des maximes, et qu'embrasse le terme collectif de liberté civile, tels que les droits de vouloir, de vouloir autrement, de cesser de vouloir : *Locus est pœnitentiæ;* le droit de choisir, d'abandonner, de rejeter tous les jougs, celui même des faveurs et du bienfait. *Invito beneficium non datur; cuilibet favori renonciare licet;* Nul n'est héritier qui ne veut; enfin, ce qui renferme tout, le droit d'aller jusqu'à l'extrême limite du droit d'autrui, en disant : Nul n'attente qui use de son droit, de méconnaître et de repousser toute autre limite.

Enfin s'offrira à l'examen cette maxime célèbre, qui semble poser une clef de voûte à l'édifice de la liberté civile :

Nemo cogitur ad factum.

Telle est la faveur due à cette liberté, tel est le prix que le droit y attache (l'homme en société serait si peu sans elle!), qu'à l'égard de l'obligation de faire, il se relâche de la rigueur du principe, et permet que l'obligé rachète sa liberté, et qu'il se rédime par une sorte de rançon offerte à l'ayant droit, toutes les fois qu'une indemnité peut réparer le préjudice causé par l'omission.

L'homme et ses droits.

S'il faut, avant tout, à l'homme social, immunité, garantie contre toute obligation indue, et la conscience vive et continue de cette immunité, l'homme serait toutefois incomplet, impropre à atteindre ses fins, à marcher dans la vie civile, si, à ce premier avantage immense, mais négatif, il ne joignait le positif des droits; autrement, ces facultés d'exiger duement d'autrui des omissions, des services, des prestations, etc. C'est la suprême tendance et la fin de tout le droit; les obligations ne sont que des moyens de constituer et d'assurer des droits.

Aux maximes sur l'immunité doivent donc succéder celles qui se rapportent aux droits en général.

Le grand nombre de ces maximes n'est qu'une forte raison de plus de rechercher et saisir le rapport de parenté qui les rapproche. Ce ne sera pas un traité des droits *à priori*, mais cette branche du droit telle que les maximes l'ont faite.

Ces maximes présentent et considèrent les droits dans leur essence, leur caractère, leur force et effet, dans leurs corrélations, filiations, rang, subordination, dans leurs conditions, dans leurs mouvements et phases diverses, dans leurs espèces les plus remarquables et les plus fécondes, etc.

L'exigibilité est de l'essence des droits : ce qui n'est que souffert, toléré, permis, n'est pas un droit; simple faculté n'est pas un droit.

Fas est; jus non est.

Qui n'a rien que par souffrance n'a rien.

Le droit, c'est l'exception par excellence; toute attaque est brisée, vaincue, dès que le droit apparaît : *Feci, sed jure feci.* Icelui n'attente qui use. *Meum recepi*, etc.

Par la raison des contraires, ce qui est fait hors des limites du droit est sans force : *Fecit quod non potuit.*

La corrélation des droits est féconde en maximes.

Des droits les plus génériques, les plus intenses, se déduisent, à l'aide de l'argument *à fortiori*, les droits moins génériques, moins intenses, et cette argumentation est rarement fautive :

Non debet cui plus licet, quod minus est non licere.

Cujus est donandi, ejusdem et vendendi jus est.

Tous les droits n'ont pas le même degré de force :

Sunt jura alia aliis potiora.

Ainsi, dans l'association, le droit d'empêcher est ordinairement plus fort que le droit d'agir : *Melior causa prohibentis.*

De deux droits qui viennent se confondre, le plus *éminent* est le seul qui reste après la confusion ; si un créancier succède à son débiteur, le droit de créancier s'évanouit, celui d'héritier subsiste seul.

Les priviléges ne sont que des droits qui marchent avant d'autres droits. *Privilegia ex causa, non ex tempore.*

Le droit de chacun est propre à chacun. A autrui le droit d'autrui. *Nul ne peut exciper du droit d'autrui.*

Unusquisque actionem fulcire debet fiducià juris sui, non defectu juris alieni.

Les indulgences et les grâces emportent cette clause tacite : sauf le droit des tiers: *Inesse intelligitur clausula : salvo jure tertii!*

Chacun est censé exercer son propre droit. *Qui alterius jure utitur*, etc.

Il y a des droits qui sont corrélatifs : Qui n'a pas le droit d'acquérir n'a pas celui de répudier : *Is potest repudiare qui et acquirere.*

Mon droit n'est pas isolé du droit corrélatif d'autrui. Si celui-ci souffre, ou, ce qui est identique, si mes obligations corrélatives restent inaccomplies, je n'ai pas encore de droit : *Nemo liberalis nisi liberatus.* S'en prendre au droit d'autrui, c'est ébranler le sien. Respect pour le droit d'autrui, c'est la première garantie de son droit :

Mihi injuriam facio, si fratrum meorum jura perturbo.

Le droit a ses conditions d'existence, ses conditions d'exercice : il faut qu'il naisse d'un fait permis. Le délit ne peut être la source d'un droit pour le délinquant.

Nemo ex suo delicto meliorem suam conditionem facere potest.

Il y aurait contradiction si un droit pouvait naître de la lésion d'un droit ou autrement d'un délit.

Autre chose l'existence, autre chose l'exercice du droit.

L'exercice du droit a été subordonné et a dû l'être à des conditions d'ouverture, de capacité, de vigilance, que retracent diverses maximes. Le droit exercé avant le temps marqué nuirait à d'autres droits, etc.

Mauvais exercice du droit corrompt le droit : *Malo more gestum est.* Une autre classe de maximes suit les droits dans leurs mouvements, et en présente les phases diverses.

Les droits sont redevables au perfectionnement de la garantie publique d'être retenus en entier par l'exercice d'une partie, de pouvoir être conservés par le signe.

Per exercitium jurium in parte totâ retinentur.

Signum retinet signatum.

Le droit est plus facile à conserver qu'à acquérir.

Facilius aliquid retinetur quàm acquiritur.

La loi facilite et favorise avant tout les moyens de garder, de retenir les droits que l'on a; de là la faveur due aux actes conservatoires.

Quand le droit est certain, et il l'est de sa nature, on ne peut admettre une rénonciation incertaine, douteuse, présomptive.

Nemo præsumitur desiisse habere qui habuit.

L'intransmissibilité des droits est l'exception. La loi a dû approprier les droits à cette société civile, qui se renouvelle sans cesse par des transmissions. Des maximes d'une haute autorité ont promulgué pour ainsi dire les principales lois de cette circulation nécessaire.

La transmission du droit n'en changera pas la nature :

Soluto jure dantis, solvitur et jus accipientis.

Le droit que l'on a sera la mesure de celui qu'on transmet. *Nemo plus juris ad alium*, etc.

Le droit ne s'affaiblit point par la série des transmissions

Qui per successionem, quamvis longissimam, hæredes constiterunt, non sunt minùs hæredes.

Telle est l'esquisse d'un cadre qui pourrait embrasser les principales maximes sur les droits. Il est évident qu'il pourrait être agrandi.

L'esprit d'abstraction peut seul le tenir séparé de celui des maximes qui ont l'obligation pour objet.

L'homme et l'obligation.

L'homme serait sans droits s'il pouvait être sans obligations. Il n'est pas une seule de ses obligations qui ne soit le principe et la condition de quelque droit. La place des maximes sur l'obligation est donc marquée, par la nature des choses, à la suite des maximes sur les droits. Leur origine est la même; tout ce qui confère des droits impose des obligations. Ces deux ruisseaux, sortis de la même source, coulent dans des lits le plus souvent parallèles, et qui pourtant quelquefois se rencontrent et se confondent; il est des droits qui, en même temps, sont aussi des obligations, et *vicissim.*

Si l'on considère que tout en droit aboutit à être obligé soi-même ou à se prévaloir des obligations d'autrui, on concevra que les droits et les obligations seront pour les maximes en général un point de convergence, et que les maximes vraiment propres à la matière auront plus d'importance usuelle que d'éclat. Elles ne seront qu'une sorte de reflet des maximes sur les droits. Le lien, l'exigibilité passive, sera de son essence.

Debitor is est à quo invito pecunia exigi potest.

Qui veut bien payer bien s'oblige.

Le premier principe de l'obligation est toujours dans sa nature ou dans sa volonté.

Fides cuique contra se. N'est héritier qui ne veut.

Une vaste classe de maximes bien connues embrasse tout ce

qui empêche, repousse, suspend, retarde, paralyse, annule, accomplit ou éteint l'obligation.

Parmi celles de ces maximes qui expriment les rapports de l'obligation à la liberté civile, déjà nous avons remarqué la maxime : *Nemo cogitur ad factum,* dont la monologie offrira quelque intérêt; on signalera ici celle qui permet à l'obligé, qui ne l'est qu'à raison de la chose, de déposer le fardeau de l'obligation en abandonnant la chose : *Onus reale evitat qui rem relinquit.*

L'esprit peut et doit classer et étudier à part les maximes qui contiennent les généralités des droits et des obligations; mais souvent ils s'entrelacent en quelque sorte et se pénètrent, comme dans les états, ensemble et système de droits et d'obligations groupés autour d'une position d'un certain ordre de rapports; la parenté, le voisinage, la propriété, la condition de successeur, etc., constituent des états, sortes de corrélations compactes de droits et de devoirs. Chacun de ces états est soumis à des règles dont quelques-unes planent sur toute la matière et méritent quelquefois à ce titre le nom de maximes : telles, en ce qui concerne les personnes, les maximes : *Status civilis non potest dividi; Nemo propriam personam exuere potest*, etc.

Ce système de droits et d'obligations résultant des rapports des hommes entre eux à l'occasion des biens, l'état de propriété est régi par plusieurs maximes d'une grande portée; elles se rapportent à sa consistance, son étendue, ses modes principaux, son objet; telles les maximes : *Suæ quisque rei moderator et arbiter. Non videtur perfecte id cujusque esse quod casu auferri potest. Quod meum est meum manet. Dominium non potest esse nisi ex unâ causâ*, etc. Aux biens qui ne sont que les choses considérées comme l'objet de la propriété se rattachent un grand nombre de maximes qui reviennent à chaque page du droit. Elles embrassent leurs rapports au lieu, au temps, à la monnaie, etc.; le gain, la perte, les produits, le brut, le net, l'indivis, etc. On connaît les maximes importantes : *Bona non intelliguntur nisi, deducto œre alieno. Fructus augent hœreditatem. Pretium succedit loco rei*, etc.

Ce phénomène du droit civil, par lequel un système de droits et de devoirs passe sans altération d'une personne à une autre, pourrait prendre le nom d'état *successionnaire*, pour le distinguer des successions proprement dites, qui n'en seraient qu'une des divisions. Cet état a des maximes qui régissent les différents modes d'être mis à la place d'un autre, quant à ses droits et ses obligations.

Qui in jus dominiumve alterius succedit, jure ejus uti debet. Nemo plus juris in alium transfert quàm ipse habet, etc.

CHAPITRE XI.

Maximes qui se rapportent à la sanction.

On trouve dans tout le droit, comme dans la législation, des maximes dont l'office est d'ajouter à la force naturelle de l'obligation le poids de tous les motifs propres à en assurer l'accomplissement, et à combattre toute idée d'enfreindre la loi dont elle émane. Ces maximes forment un ordre bien distinct, qui pourrait prendre le nom de droit-maxime *sanctionnaire*.

La sanction *preventive* a des maximes d'une vaste, mais dangereuse application :

Meliùs esti ntacta jura servare quàm post vulneratam causam remedium quærere. Meliùs est occurrere in tempore quàm post exitum vindicare, etc.

Prévenir le mal est mieux que d'y porter remède. Ces belles maximes marquent le but de la plupart de nos institutions civiles et politiques; mais ce but serait outrepassé si l'on voulait racheter l'avenir au prix du présent, et si l'on sacrifiait à un mal contingent un bien présent et réel, et surtout un droit : de là le principe que notre droit public tend à convertir en maxime : « Le droit ne souffre point de prévention. »

Les maximes qui se rapportent à cette sanction, qui ne s'exerce que sur l'action déjà accomplie, et q l'on pourrait appeler *post-ventive*, se distribuent en plusieurs classes :

La sanction *rémunératoire* compte trop peu de maximes. Celles-ci expriment quelques sympathies du droit pour la diligence : *Prior tempore, potior jure;* ses préférences, en cas de parité ou de doute, pour celui qui est exempt de faute, etc.

A la sanction minatoire civile répondent les nombreuses maximes sur les forclusions, les déchéances, la péremption, les nullités de divers ordres, l'octroi ou le refus d'actions judiciaires, les fins de non-recevoir, etc. Le droit succomberait bientôt, s'il laissait subsister ce qui se fait sans droit : *Idem est non fieri aut non jure fieri,* régle modifiée par une foule d'autres règles bien connues.

De profonds traités reproduisent les maximes qui se rattachent à la sanction minatoire pénale. Leur classification est naturelle : *délits, peines, preuves.*

CHAPITRE XIII.

Maximes qui se rapportent à la garantie.

Quand la sanction a vainement menacé, surgit la nécessité de réaliser, d'accomplir la menace. Cette nécessité emporte celle de pouvoirs publics institués, séparés, réglés, procédant selon les fins de l'institution, le pouvoir judiciaire en particulier; ses rapports avec les droits qui réclament, la métamorphose du droit en action judiciaire, en exception, etc. Ici la difficulté sera dans les monologies des maximes qui éclairent imparfaitement ce vaste champ du droit public. La classification proposée laisse peu à désirer.

A travers une série de hautes maximes qui retracent les caractères et les conditions générales du pouvoir, on arrive à l'autorité qui a mission de procurer et d'accomplir cette garantie collective, appelée *justice;* vaste sauvegarde que la loi, dit Bentham, nous donne ou nous promet pour tout ce qui a une valeur à nos yeux, notre honneur et nos droits.

Le droit-maxime s'est élevé en avançant, et arrive ici à son apogée d'importance usuelle ; le premier rang, si on s'arrête en effet à cette importance, sera dû aux adages qui tracent, éclairent, affermissent les voies de cette justice, laquelle, en réalisant toutes les sanctions, fait que les lois sont des lois, les règles des règles, les accords des accords, et les empêche de flotter au gré des passions et de l'iniquité : *Sunt judicia anchoræ legum.*

Non sufficit habere jura in civitate nisi sint qui ea reddunt. Dumoulin, L. 2, § 13, ff. *de Orig. jur.* 1, 2.

A cette catégorie pourraient même se rapporter un moment toutes les lois civiles et criminelles, toutes les maximes; que sont-elles, en effet? que des *règles de jugement*, des *aides-justice,* concourant toutes plus ou moins à lui assurer les moyens de suppléer à l'exercice de ce droit, que l'association, dit l'un de nos publicistes, enlève à l'individu, comme incompatible avec l'état social, le droit de se dire justice à soi-même (*Nemo sibi jus potest dicere*), et de remplacer sans relâche le droit du plus fort par le droit du plus juste.

L'inviolabilité de la personne et des propriétés, telle est, nous l'avons vu, la fin essentielle de la société; tout le reste est moyen, tout le reste est garantie; mais ces garanties se spécialisent, se résument en la justice. Ici toutes les maximes formulent et proclament quelque garantie; de là sort le principe de leur classification.

La première classe comprendra les maximes qui tendent à assurer l'efficacité de cette garantie générale de justice :

En enseignant au droit compromis ou lésé les modes d'appel et recours à la justice, l'art de le convertir et formuler en telle ou telle action : *Sunt enim non pauca quæ latent in legibus* Bac.;

En présentant sous toutes les formes cette vérité : que le sanctuaire de justice est ouvert indistinctement à tous; que son autorité peut, d'un instant à l'autre, être invoquée et saisie, même à son insu, sans préalable permission;

En attribuant à cette première invocation, à ce premier cri du droit blessé, des effets déjà tutélaires, celui d'arrêter, suspendre le cours de l'innovation, ou d'en interdire de nouvelles pendant le procès : *Lite pendente nil innovandum;*

En accréditant dans l'esprit de l'homme social cette fiction hardie qui élève et maintient la chose jugée au rang des vérités irréfragables :

Justè possidet qui auctore judice possidet. Res judicata pro veritate accipitur Prætor jus quoque reddere dicitur cùm iniquè decernit, etc.;

En constituant, complétant, affermissant le pouvoir du juge; telles, par exemple, les règles-maximes d'après lesquelles le juge de l'action est aussi le juge de l'*exception*, le juge qui peut condamner peut absoudre, etc., etc.

Une seconde classe embrassera :

Et les maximes qui constituent la garantie du juge tel le célèbre adage : *Factum judicis factum partis*, duquel date la vraie justice en France; qui défend de faire descendre le juge dans l'arène pour défendre l'œuvre qui ne lui appartient plus;

Et les maximes relatives à cette garantie qui couvre d'une égide commune et le juge et le justiciable, cette publicité, sanction universelle et continue dont on peut dire aussi : « La justice est en péril et en défiance aussi longtemps qu'elle est un mystère, » cette publicité qui est plus encore que le droit commun qui est arrivée à faire partie de la justice même : *Nihil exeat cum silentio, sed palam adstante coronâ.* Bac.

Une autre classe présentera dans ses subdivisions ces maximes qui se pressent de toutes parts pour nous garantir contre l'abus immense d'un pouvoir immense ; qui subordonnent son exercice à la condition d'être saisi par une demande : *Judex non ultra petita ;* à l'accomplissement d'une foule de prescriptions, attentives à régler et en quelque sorte à compter ses pas, à les marquer du sceau des nullités s'ils sont faits en dehors de la sphère qui le circonscrit ; qui, renversant à son égard la règle commune, crient incessamment au magistrat : « Tu ne peux que ce que la loi te permet ou te prescrit ; *tantùm permissum quantùm commissum ;* qui placent au sein même de la justice le droit de défense : *bon droit a besoin d'aide ;* qui lui défendent de chercher hors du procès les preuves du procès : *secundùm allegata et probata,* qui dénient le nom de jugements aux jugements ; qui nues de motifs paraissent émaner bien plutôt de la volonté que de la raison : *judices sententiæ suæ rationes adducant*, aphorisme, dont la consécration est un des nombreux bienfaits de l'immortelle Constituante ; qui proclament le moment où le juge a cessé d'être juge, où le jugement retiré aussitôt de ses mains passe en celles d'un dépositaire public, pour y rester la propriété des parties : *non jam judex functus est officio ;* enfin celles qui échelonnent les juridictions, et disent à la partie qui succombe : *Si gravaris, appella.*

Enfin une dernière classe déroulera les règles-maximes qui assurent un renfort de garantie à l'égalité, à la liberté civile engagées dans les voies judiciaires ;

A *l'égalité* civile, par ces adages qui, comme autant d'échos perpétuels, ont retenti et retentissent dans tous les tribunaux humains : Écoutez l'une et l'autre partie. *Judicandum auditis partibus ;* Les armes des plaideurs doivent être égales. *Nihil debet actori licere quod reo non liceat.*

A la *liberté* civile, par ces maximes qui ont mission de la rassurer contre l'abus des droits judiciaires, qui, dans cette vue, obligent le demandeur à expliquer et prouver sa demande : *Quâ quisque actione agere volet, eam edere debet ;* à prendre pour juge le juge de celui qui se défend : *actor sequitur forum rei ;* par une foule d'autres maximes protectrices : *Nemo tenetur edere contra se. Nul ne se forclot soi-même*, etc., etc.

Telle est la rapide esquisse d'essai de classification d'un ordre de maximes dont le degré d'importance ne doit pas se mesurer sur le degré de banalité de quelques-unes. Combien elles se relèvent et s'ennoblissent en effet quand on songe qu'il n'en est pas une, même la plus humble, dont on ne puisse dire : « C'est une garantie. Elle a rendu, elle rend de bons et loyaux services à la société humaine ! »

FIN.

TABLEAU SYNOPTIQUE SOMMAIRE

DE LA

CLASSIFICATION DES RÈGLES-MAXIMES.

Droit-maxime, ou *axionomie* du droit, embrasse :

- **Les maximes sur les maximes.** — Elles ont été l'objet de l'introduction et du livre premier. Elles constituent la théorie des maximes.
- **Maximes-but.** — Maximes relatives aux fins du droit et de la société civile.
- **Les maximes-moyens; elles constituent.**
  - **Le droit-maxime abstrait ou général, ou maximes qui se rapportent à**
    - **A la langue du droit.** — Ordre de maximes relatives à la valeur, aux modes et qualités diverses de l'expression en droit.
    - **A la logique du droit.** — Ordre des maximes sur les méthodes, les arguments, les sophismes, etc., dont s'occupe la logique propre du droit.
    - **A l'ontologie du droit.** — Classe des maximes qui appliquent au droit les hautes notions ontologiques, le temps, la forme, etc.
    - **A l'entiologie du droit.** — Ordres de maximes qui se rapportent aux modes et attributs des êtres sujets ou objets du droit.
    - **A la pragmalogie du droit.** — Famille de maximes qui considèrent les mêmes êtres en état de mouvement et d'action. Généralités du fait et de l'acte.
  - **Le droit-maxime concret. Il embrasse :**
    - **Le droit-maxime efficient.** — Système des maximes sur les causes qui produisent l'obligation, sur tout ce qui est loi ou tient lieu de loi parmi les hommes.
    - **Le droit-maxime effectif.** — Système des maximes qui s'occupent de l'obligation détachée de sa cause, des droits, etc.
    - **Le droit-maxime sanctionnaire.** — Système de maximes qui corroborent la sanction intrinsèque de l'obligation.
    - **Le droit-maxime garantie.** — Système des maximes qui assurent à l'obligation active ou au droit méconnu ou violé un recours aux pouvoirs publics.

TABLE DES MATIÈRES.

LIVRE PREMIER.

Essais sur la théorie et la logique de la maxime ou règle générale de droit.

LIVRE SECOND.

Recherche et exposition du principe de classification des maximes

IMPRIMERIE D'A. EVERAT ET Ce, RUE DU CADRAN, 16.

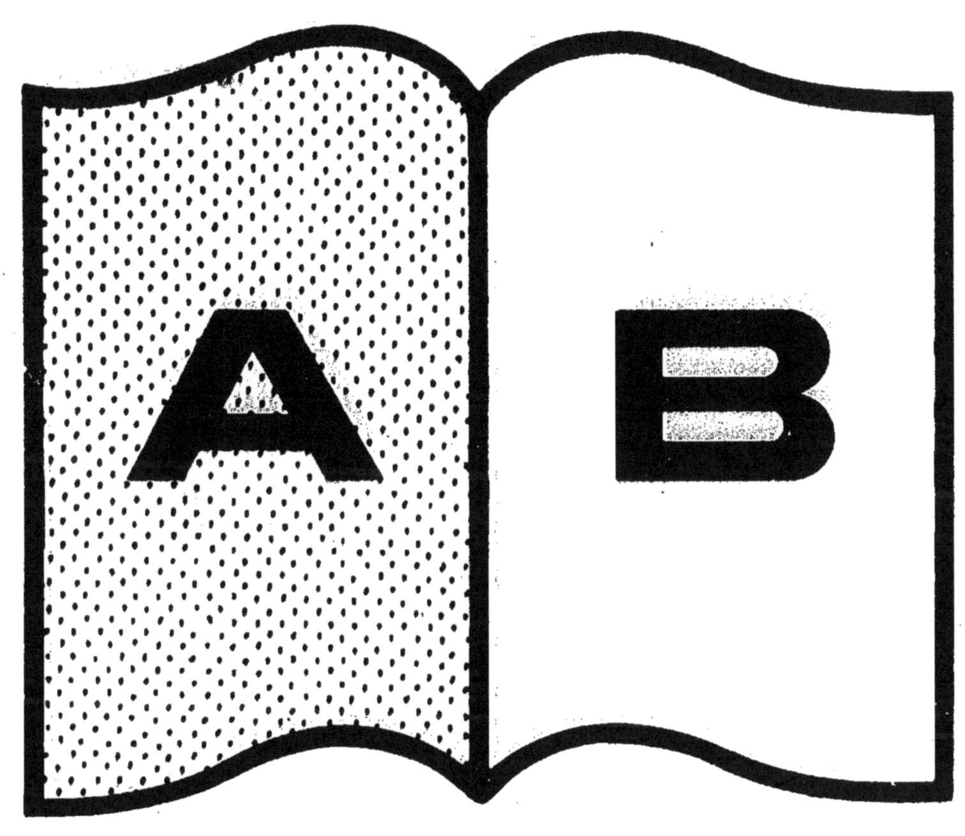

Contraste insuffisant

NF Z 43-120-14

www.ingramcontent.com/pod-product-compliance
Ingram Content Group UK Ltd.
Pitfield, Milton Keynes, MK11 3LW, UK
UKHW021056230726
13926UKWH00004B/1887